Psychology of Terrorism
by Ochi Keita

テロリズムの心理学

越智啓太［編著］

誠信書房

はじめに

　近年，わが国でも，テロへの対策が盛んに行われるようになってきた。警察，消防，海上保安庁，防衛省，法務省，外務省をはじめとして，さまざまな組織がテロ対策のための取り組みを行っている。また，民間企業においても特に海外に駐在，出張する社員に対するテロの被害防止のための取り組みが行われるようになってきている。海外においてはもちろん，このような取り組みはさらに大規模に，かつ徹底的に行われている。

　テロ対策を行うためには，その対象であるテロリズムについてまず，理解することが必要である。ところが，このテロについての理解というのがなかなか困難である。それは，国際問題であり，民族問題であり，宗教問題であり，政治問題であり，法律問題であり，またテロリストの個人的な問題でもあるからである。そのため，テロの理解は従来の縦割り型の学問体系ではなかなか難しく，各分野の研究知見を持ち寄った学際的な研究がどうしても必要となってくる。

　さて，諸外国のテロ理解においては，心理学研究はそれなりの位置を占めている。テロに関する著作や国際会議等では，心理学者による心理学的な知見の提供がごく普通に行われている。一方，わが国においては，テロについて論じる際に心理学者が登場することはほとんどない。心理学的な知見は重視されていない，あるいはその存在があまり認知されていないと言ってもよいだろう。しかしながら，諸外国の例を見てもわかるとおり，テロ理解には心理学的知見は欠くことができないものである。テロはそもそも人間や人間の集団が，偏見や怒り，集団間葛藤によって引き起こすものだからである。

　そこで本書においては，テロに関心を持って研究を行っている心理学者に寄稿していただき，テロについての心理学の最新の知見を日本語で，かつわかりやすく提供しようと考えたのである。著者には，社会心理学，犯罪心理学，臨床心理学など，多様な専門分野とバックグラウンドを持つ研究者が含

まれており，また，日本におけるテロリズムの心理学研究の嚆矢となった著作である『テロリズムを理解する』（ナカニシヤ出版）の翻訳に携わった釘原直樹先生からも，1 章を寄稿していただくことができた。その結果，心理学という領域内において，多角的にテロという現象を論じる著作が完成できたと思う。

　ところで，日々学生と接していると，わが国とテロは非常に縁遠いと感じている者が非常に多いように感じる。どこか遠い国の出来事のように思っており，危機感も関心もそれほどないのである。一方，行政の方々と接すると，彼らは非常に切迫した危機感を持っているように感じる。彼らは多大な労力を使って国内でテロ被害が発生しないように日々努力しているのである。我々一般市民が「テロなど遠い国で起きる出来事」と安心していられるのも，数多くの行政職員の努力のたまものであることを忘れてはならないだろう。

　最後になったが，本書は日本心理学会で毎年行っている「テロに対して心理学は何ができるのか」という連続シンポジウムがもとになっている。このシンポジウムに参加してくださった方々，フロアから意見をくださった多くの方々の見解は，本書を執筆していくうえでさまざまな形で参考にさせていただいた。その方々にここで感謝を捧げたい。また，本企画をまとめるにあたっては誠信書房の中澤美穂さんに終始お世話になった。専門書をつくりあげる仕事は執筆者だけではできない。その陰にはなかなか表に出てくることのない編集者や出版社の方々の熱意と努力が必要である。中澤氏をはじめとした誠信書房の皆様にもここで感謝を捧げたい。

　本書がテロについての心理学的アプローチをひろく知ってもらうきっかけとなり，また，テロ理解やテロ対策の一助になることができれば幸いである。

　2019 年 7 月

執筆者を代表して　　越智 啓太

CONTENTS

第4章　集団の光と影　　　　　　　　　　　　71

第7章　国家が主導するテロリズム　126

第**8**章　日本におけるハイジャックとその分析　　**150**

第1章

テロリズムへの心理学的アプローチ

[越智啓太]

> テロリズムは行動である。
> 心理学は行動を研究するものである。
> ゆえに心理学はテロを研究すべきである。
>
> (Wagner & Long, 2004)

1. テロリズムの定義

　本書では，テロリズムをめぐるさまざまな心理学的な問題について論じていくわけであるが，それに際してまず必要になってくるのは，そもそもテロリズムをどのように定義するのか，という問題である。しかしながら，このテロの定義という問題はそれ自体，かなり本質的で困難な問題である。

　テロに対して何らかの法的な規制を考えていく場合（たとえば，テロ対策特別措置法，テロ資金供与防止条約，米国の反テロおよび効果的死刑法など），その対象を明確にしなければ，正当な経済行為や政治行為，各種人権が不当に取り締まられたり，また一方で，危険な行為が見逃されてしまうことになってしまう。そのため，政治的，法律学的文脈では，テロの定義といった問題だけで数多くの論考がなされてきた（Perry, 2003；Moghaddam & Marsella, 2004；Young, 2006；金, 2016；Huff & Kertzer, 2018）。

　それに対して，心理学的にテロリズムについて論じる場合には，その定義づけはある程度ゆるやかであってもよい。我々の目的は，テロという社会現象を科学的に明らかにすることにあり，そこでは法的な規制や軍事的な介入などは，直接は関わってこないからである。しかし，研究対象を定義しないまま議論を進めてしまえば，議論が拡散したり，かみ合わなくなったりするのも事実である。そこで，テロについての議論に先立って，その概念をある程度明らかにしておく必要があるだろう。

（1）テロは何らかの大義に基づく行為である

　テロリストの行為は多様である。殺人，傷害，暴行，爆破，破壊，脅迫，誘拐，ハイジャック，人質立てこもり，毒物や生物兵器の散布，また，資金獲得のための強盗，窃盗，詐欺，密入国のためのパスポートの偽造など。これらの行為は，いずれも犯罪心理学が犯罪行動として対象にしているものであるが，これらの犯罪とテロとの間には，何か違いがあるのだろうか。

　ひとつの大きな違いは，その動機構造にある。テロ以外の犯罪の多くは，個人的な動機のために行われる。たとえば，自らの金銭的な欲求のために窃盗や強盗をし，個人的な恨みのために他人を傷つけたり，妬みや社会への復讐のために大量殺人を行う。これに対してテロは，それが「正しい」ものか否かは別として，個人の問題を越えた何らかの「大義」が背後に存在している。たとえば，社会主義国家の実現であったり，宗教的な価値観の実現であったり，環境保護であったりする。それらは自らの欲求の直接的な実現とは関連しない。

　そのため，ある人間から見ればテロ行為であったとしても，その大義を共有する人間から見ると，テロ行為は正当で英雄的な活動に見える。しばしば，「ある人間にとってのテロリストは，別の人間にとっては自由の戦士である（One man's terrorist is another man's freedom fighter）」などと言われる。また，テロ集団が最終的に国家の支配権を獲得した場合には，それはもはやテロと呼ばれることはない。

(2) 正統な政治的手段で大義を実現できない場合，テロが行われる

　個人的な動機に基づく犯罪の多くは，犯行自体が最終的な欲求実現と関連しているのに対して，テロは，それ自体は手段であることが多い。つまり，ひとつひとつのテロ行為は，最終的な政治的，宗教的な目的達成のための一ステップなのである。

　ではなぜ，テロリストは大義を実現するために，犯罪行為を選択するのか。これにはいくつかの理由がある。

　第一に，彼らの主張や理想は，その国家がすでに保有している合法的な手段では達成ができない，あるいは実現が極めて困難だからである。たとえば，テロを引き起こす主体となる集団が政治的意思決定に参加できない，あるいは参加できたとしても，その勢力の小ささや社会的な賛同の少なさなどによって，政治に影響力を及ぼすことができないような状況である。

　第二に，そもそも合法的な手段でゆるやかに政治を改革していくのでは遅すぎると，テロリスト側が考えている場合である。このようなケースでは，テロリストは現在の政治状況に対して切迫した不安を抱いており，まさに今，行動を起こさなければ，状況が取り返しのつかないところに行ってしまうと考えている。

　第三に，そもそも現在の社会体制が持っている合法的な変革メカニズム自体が間違っており，それに従っていては真の改革が行えないと，彼らが考えているケースである。左翼政治テロリストの多くや，一部の宗教テロリストは，このような考えのもとにテロを行う。

(3) テロは恐怖を媒介にして，政治的な目標を達成しようとする

　では，なぜ犯罪行為を実行することが，目標達成のための一ステップとなりうるのか。

　第一に，「恐怖」を媒介にすることによって，一般の人々が自分たちに従うようになる，あるいは味方になるからである。「もし，彼らの意見に従わ

なければ」あるいは「もし，彼らの主張を呑まなければ」，さらなる悲劇が
引き起こされる，またおそろしい事件が起こってしまうという事態を作り出
すことによって，大衆を誘導するのである。

　また，政府機関もテロリストの要求に従わなければさらなる被害が出てし
まう可能性があるため，テロリストの要求に屈してしまうことがある。たと
えば，1982 年代に，ヒズボラ（シーア派武装組織）がレバノン南部のイス
ラエル軍施設を自爆攻撃し 115 人を殺害したほか，翌年にはベイルートの米
国大使館を爆破したが，これらのテロは米国のレーガン大統領に，レバノン
からの米国の撤退を決意させる重要な契機となったと言われている。

　第二に，テロ行為は，多くのマスメディアやインターネット上で報道され
ることになる。結果的に，テロの主体やその主義主張などが広く世界に広報
されることになる。このような広報効果を求めて，テロが行われるのであ
る。たとえば，セオドア・カジンスキー（ユナボマー）は，無差別爆破をや
めることと引き換えに，「産業社会とその未来」という長文の論文を『ワシ
ントンポスト』と『ニューヨークタイムズ』に掲載させた。この手法は安価
で効果的な広報戦略であるため，テロリストがしばしば選択する方法であ
る。オリンピックやサミットなどの国際的なイベントや，有名な観光名所，
シンボリックな建造物がテロの対象となりやすいひとつの理由は，この効果
を狙ってのことだと思われる。

　第三に，犯罪行為自体が社会変革の重要なステップをなしている，と考え
るからである。たとえば，左翼政治テロリストは，資本主義的な支配構造や
支配のための組織や装置，（たとえば議会，政治中枢，軍隊，警察など）を
破壊すること自体が，新たな社会システムの構築に不可欠だと考えている。

(4) テロリズムはゲリラ活動とは異なる

　テロと類似している概念として，ゲリラ活動がある。日本の警察における
広報では，ゲリラは「テロ・ゲリラ」として，テロという言葉と一緒に使わ
れていることが多いので，それなりになじみ深い言葉となっている（警察庁，

2004)。

　しかし，そもそもゲリラとは，反政府勢力によって行われる内戦的戦闘活動のことを意味するのが基本であり，その戦闘によってある地域の実効的な支配を獲得したり，反政府軍の戦闘を支援することを目的とするものである。ゲリラ戦は，あくまで戦争であり，一般の非戦闘員がその対象となることは，巻き添えなどの例外的なケースを除けば少ない。

　したがって，恐怖を用いて一般の人々を支配し，それによって政治的，宗教的な目的を実現するというテロとは異なったものであるし，また，テロは戦闘員，非戦闘員の区別なく人々を攻撃する傾向にあるので，このような点でも異なっている。日本の警察用語では，国の施設や空港，皇居などを攻撃する対物テロを「ゲリラ」と呼び，「テロ」は，個人を標的とする対人テロに限定して用いられているようである。しかし，このような「ゲリラ」用語の使い方はむしろ，例外的で特殊なものと言えるであろう。

(5) テロリズムをどのように定義するか

　以上をまとめてみると，テロリズムの本質的な特徴は，以下のようになるであろう。

　　① 個人的な動機づけではなく，何らかの大義がある。
　　② テロリストは，支配的な政府が準備している正当な手段では，その
　　　大義を達成できないと認識している。
　　③ 恐怖を媒介にして人々を従わせ，強制的に自分たちの大義を実現し
　　　ようと試みる行為である。
　　④ 内戦やゲリラ戦ではない。

　そこで，本書ではとりあえず，テロリズムを以下のようにゆるやかに定義して，論じはじめることにしたい。

　テロリズムとは，暴力的な非合法行為を行うことにより人々に恐怖を
引き起こし，その恐怖を利用して，政治的，宗教的な目的を達成しよう
とすることである。

2.　テロリズムの分類と特徴

　テロリズムには，非常に多様な動機，形態が存在する（Post, 2002）。ここ
では，主要なテロ集団，テロリストについて，簡単に分類してみることにし
たい。

(1)　政治テロリズム

　テロと言えば，その代表的なものは長い間，政治テロリズムと言われるも
のであった。これは，テロの最終的な目的が，ある国家の政治体制自体を変
えることにある場合のテロである。そのため，政治テロの分類は，それらの
テロがどのような政治体制を最終的な目標としているのかによることになる。
　ここで有用なのは，左翼-右翼という政治思想についての分類軸である。
この言葉の起源は，フランス革命当時，国民議会で議長から見て右に保守派
（ジロンド派），左に革命派（ジャコバン・クラブ）を位置させたことに由来
する。これより，一般に現在の国体を新しいもの（多くの場合はマルクス主
義に基づくもの）に変革しようとするタイプの政治テロを「左翼テロ」，よ
り保守的な方向（多くの場合，ナショナリズムに基づくもの）に変革しよう
とするタイプの政治テロを「右翼テロ」という。

①　国内の左翼テロリズム

　左翼運動は，マルクス，レーニン，トロツキー，毛沢東などの思想に基礎
を置き，社会主義革命を起こして資本主義体制を打破することを目的とする
運動のことであり，この集団が行うテロを「左翼テロ」という。
　左翼テロは，資本主義体制を破壊する行動そのもの（資本主義的な支配装
置の破壊や，資本家階級や政治家，官僚の殺害）であったり，国民に資本主

義体制の矛盾に気づかせ，革命的な行動に参加するように動機づけるための，さきがけとなることを目的としている。

　日本による左翼テロリズムは戦後，日本共産党が主に担ってきた。マルクス主義によれば，共産主義革命は暴力的に成し遂げる必要があったからである。この団体は，平市警察署占拠事件（1949 年），白鳥警部殺害事件（1952年），長野県田口村警察官集団暴行事件（1952 年）などのテロ事件を引き起こしている。

　ところが，日本共産党は 1955 年の第 6 回全国協議会において，暴力的な闘争を放棄する方針を打ち出す。これに不満を持った学生党員は，1958 年に共産主義者同盟（ブント）を結成し，「暴力革命」路線を堅持してテロ活動を続けることになる。この流れを汲むグループのことを「新左翼」といい，現在まで続くその後の左翼テロリズムの中心となっていく。

　新左翼はいくつかのグループ（セクト）に分裂し，各セクトは，警視庁警務部長宅爆破事件，三菱重工爆破事件，連続企業爆破事件，連合赤軍あさま山荘事件，自民党本部放火事件などを引き起こした。

　さらに，分裂したセクトは互いに対立し攻撃し合う，内ゲバ*1 状態に突入した。特に革マル派，中核派，解放派などの内ゲバは激しく，巻き添えになった一般人も含めて，100 名以上の死者と数千人もの負傷者を出した（警察庁，2004）。

　また，一部の新左翼メンバーは，海外に拠点を持つことや活動の世界化を目標とし，国外に出てパレスチナで日本赤軍を結成した。日本赤軍は，テルアビブ空港銃乱射事件，ダッカ日航機ハイジャック事件などを引き起こした。

　テロ自体の過激化や内ゲバの激化によって左翼運動に対する国民の支持は急激に低下し，運動も下火になっていった。現在では各左翼グループはいっそう孤立を強め，次第に高齢化し，衰退しつつあるが，一部で活動を続けて

＊1　内部ゲバルトの略。ゲバルトとは，暴力を意味するドイツ語。

いるグループも残っており，テロ活動も継続している。また，最近では，反グローバリズム運動，反原発運動とのつながりの活動も目立っている。

② 国内の右翼テロリズム

　右翼運動は，国家主義（ナショナリズム），民族主義に基づく政治運動であり，日本の右翼は，最終的には天皇家を中心とした伝統文化に基づいた国家を築くことを目的とする場合が多い。ただし，現在の運動は，このような国家を設立するための活動というよりは，反共産主義，反社会主義運動が中心となっている。

　右翼思想はその基礎に，要人一人を殺すことによってその他大勢の一般国民が救われるという「一殺多生」，一身の利害を捨てて国家民族のために死のうとする国家奉仕の観念である「没我献身」などの精神を持っているために，場合によってはテロなどの過激な行動に打って出ることがある（警備実務研究会，2001）。右翼テロの攻撃対象は，朝日新聞社，日本教職員組合（日教組）や，共産主義寄りの発言を行ったり，皇室に対して不敬な言動を行う著名人やジャーナリスト，汚職政治家などが多い。

　また，主に排外主義を思想の中心として，インターネット上で活動する「ネット右翼」と言われるグループもある。ネット右翼と伝統的な右翼は，基本的には異なった出自のものであり，当初は直接的な交流はなかったが，近年は一部で合流しているという指摘もある（安田，2018）。

　日本の右翼テロの代表的事例としては，山口二矢による社会党浅沼委員長刺殺事件や経団連襲撃事件，長崎市長銃撃事件，いわゆる住専問題に抗議する国会正門突入および車両焼燬事件などがある。

③ 海外の左翼テロリズム

　特に開発途上国においては，政府軍と反政府軍における内戦やゲリラ戦が継続して行われているケースが少なくなく，これらの国ではテロも頻発している。日本人はこれらのテロ，特に爆破テロなどに巻き込まれるケースがあるほか，活動資金を得るために誘拐されたり，地域開発事業等に対する攻撃に巻き込まれる場合がある。

　このようなテロのうち，特に反政府軍がマルクス主義や毛沢東思想を自らの理論的な支柱にしているケースが，海外における左翼テロリズムである。社会主義，あるいは共産主義国家の実現という理想を実現するためというよりも，既得権益を持っている権力層に対する不満や反感を理論づけするものとして，左翼思想が使用されているケースが多い。

　具体的なテロ集団としては，クルド労働者党（PKK），コロンビア革命軍（FARC），ツパクアマル（MRTA），輝く道（センデロ・ルミノソ），ファラブンド・マルティ民族解放戦線（FMLN）などがある。

　フィリピンの新人民軍（NPA）もこれらの類型のテロリスト集団であるが，民間援助団体からネグロス島に派遣されていた日本人農業技術者の誘拐や，三井物産マニラ支店長誘拐事件などにも関与したとされている（安倍川，2015）。

④ 海外の右翼・民族主義テロリズム

　民族主義テロリズムは，特定の民族などの集合体によるもので，その集団の国家からの分離独立を求める組織が引き起こすものである。主にその国家における少数派民族などによって担われる。

　代表的な組織としては，英国における北アイルランド地方のアイルランド共和国への統合を目指す，カトリック教徒主体のアイルランド共和国軍（IRA）や，そこから離脱して作られた真の IRA（RIRA：the Real Irish Republican Army）がある。RIRA は 1998 年に北アイルランドで，土曜日の混雑するショッピングセンターを爆破するというオマー爆弾事件を引き起こし，29 人を死亡させ 220 人以上を負傷させた。また，2000 年にはロンドンで，英国秘密情報局（MI6）へのロケット弾攻撃，2001 年に BBC に対する自動車爆弾テロなどを実行している。2009 年には，北アイルランド地方アントリムの英軍基地でメンバーが自動小銃を乱射し，兵士 2 人が死亡，4 人が負傷する事件を引き起こしている。

　また，スリランカのタミル・イーラム解放の虎（LTTE）も，著名な民族主義テロリズム組織である。スリランカは，人口の多くを占めるシンハラ人

と，少数派のタミル人からなっているが，バンダラナイケ首相がシンハラ人
優遇政策をとったことや，シンハラ人によるタミル人への襲撃，虐殺事件な
どをきっかけとして人種間対立が激化し，北部および東部に居住しているタ
ミル人が分離独立を求める武装闘争を引き起こした。そのなかで最も強い勢
力を持っていたのが，タミル・イーラム解放の虎で，特に自爆テロを頻繁に
起こした。コロンボのスリランカ中央銀行に爆弾を搭載したタンクローリー
で突っ込むテロ（日本人も負傷）や，海軍の兵員輸送バス爆破テロなどを引
き起こしている（ただし，現在は壊滅状態にあると思われる）。

(2) 宗教テロリズム

　社会主義政権の相次ぐ失敗や，それに伴うマルクス主義の人気の失墜に
よって，以前は主流であった左翼テロリズムを中心とした政治テロリズムが
力を失うなかで，目立つようになってきたのが宗教色の強いテロリズムであ
る。タウンゼント（Townshend, 2018）は，「かつては，テロリストの動機の
なかでも，宗教的要素は周辺的なものと見なされていた。最近の傾向のひと
つは，主として政治的に動機づけられたテロリズムから，より宗教的あるい
はイデオロギー的に動機づけられたテロリズムへ変化していることである」
と述べている。

　宗教テロは大きく分けて，伝統宗教の原理主義者によるものと，新興宗教
によるものが存在する。原理主義とは，それぞれの宗教集団において，原典
（聖書やクルアーンなど）を絶対視し，進歩する社会への安易な妥協を拒み，
宗教的な価値観に従って生活することを目的とする一派のことである。もち
ろん，このような思想自体には特に問題はなく，原理主義者＝テロリストで
ないことに注意しなければならない。

　しかしながら，原理主義は現代社会を，世俗化，近代化の進展とともに宗
教が軽んじられるようになって，近代以前にあった神に対する畏敬の念，道
徳心が失われてしまった社会だと否定的にとらえたり，社会・経済のグロー
バル化によって外国の堕落した文化，宗教が流入し，文化が汚されてしまっ

ている状態だととらえることが多い。そして，本来あるべき姿に立ち戻るには他文化や他宗教の影響を排除し，純潔性を取り戻すしかないと考え，他文化や他宗教，そして世俗化に迎合する堕落した宗教者に対して，テロによる実力行使を行うしかないという思想につながっていくのである（小川，2003，2007）。

　原理主義テロには，キリスト教原理主義テロや，ユダヤ教原理主義テロなどもあるが，現在問題になることが最も多いのは，イスラム原理主義によるテロである。

① イスラム原理主義者による宗教テロリズム

　イスラム原理主義テロリズムは，米国やヨーロッパ諸国において，現在最も大きな問題となっているタイプのテロである。

　イスラム原理主義は，クルアーンなどのイスラムの原典に基づいた社会システムを求める宗教上の一派である。彼らの思想の根本にあるのは，イスラムの教えに反した社会習慣や世俗化に対しての反発であるが，近年では，パレスチナ問題やイラク戦争，シリア内戦などが絡んで，非常に複雑な様相を呈している。

　ただし，イスラム原理主義がそのままテロに結びつくという，イスラム原理主義者＝テロリストというとらえ方は誤りである。テロを行うのは，その一部のグループにすぎない。

　日本人も海外で，イスラム原理主義によるテロリズムに巻き込まれることは少なくない。9.11 米国同時多発テロをはじめ，ルクソール外国人観光客射殺事件，日本人ジャーナリスト後藤健二さん誘拐殺人事件，ダッカ・レストラン襲撃人質テロ事件，チュニジアにおけるバルド博物館襲撃事件などがその例である。また，日本国内においても 1991 年に，反イスラム的であると言われた小説『悪魔の詩』を翻訳した筑波大学助教授が，学内で殺害される事件なども発生している。

　イスラム原理主義のテロリストのなかには，イスラム国家で生まれ育った者も多いが，米国やヨーロッパなどで育ったムスリムで，その国内でテロを

行う者が存在する。彼らを「ホームグロウン・テロリスト（homegrown terrorist）」という。彼らは，イスラム国家から移住した移民の2世，3世であることが多いが，特に若者を中心として，自国内でのムスリムに対する疎外感を感じ，自らのアイデンティティをイスラムに見出して，インターネットでのジハードビデオや扇動的な説教を聞くことによって過激化していく。ボストンマラソン爆破事件や，ロンドン同時多発テロも，ホームグロウン・テロリストの犯行だと言われている。

　一方で，この種のテロリズムをイスラム教原理主義と安易に結びつけることについては，専門家の間からしばしば異議が呈される。たとえば，フランスのテロ対策部門のひとつである，対セクト闘争省庁間委員会の専門官であるアンヌ・フルニエは，「アル・カーイダの主張を分析すると，イスラム本来の教えから見てひっかかる部分が少なくない。スンニ派，シーア派，キリスト教と，あちこちの教義を引っぱってきて，やっつけ仕事で構築した論理体系である感が否めないのです」と述べている（国末，2005）。もしそうだとすれば，原理主義思想は，それが原因となってテロが起きているというよりも，テロにその思想が利用されているということになる。

② キリスト教原理主義者による宗教テロリズム

　キリスト教原理主義は，聖書の教えを字義的に解釈するキリスト教の一派であり，現代社会は本来のキリスト教に反して世俗化されているという認識のもとに，それに強く反発し，聖書の教えそのものに戻ることを主張するグループのことである。その思想は反中絶，反生殖医療，反性教育，反進化論，反同性愛，反共産主義，反イスラム教，反フェミニズム，反ロックミュージックなどと結びついていることが多い。

　キリスト教原理主義者の一部，急進的なメンバーによって実力行使的にテロが行われるほか，米国においてはローン・アクター・テロリスト（lone-actor terrorist）の思想的な背景となることが多い。具体的には，中絶をするクリニック，ゲイカップルやゲイに関連する施設，イスラム教関連施設などが攻撃される。また，キリスト教原理主義の一部は，右翼民兵組織（Pitcavage,

2001）や白人至上主義と強く結びついており，白人以外の人種や移民に対する攻撃も行われることがある。

　キリスト教原理主義に関連したテロとしては，極右のキリスト教原理主義者で反イスラム思想を持つアンネシュ・ブレイビクが，ノルウェーの首都のオスロ政府庁舎を爆破し，その後，ウトヤ島で銃を乱射して合計 77 名を殺害したノルウェー連続銃乱射事件，アトランタオリンピックで爆弾を爆発させ，その後，中絶クリニックなどでも爆破テロを行ったエリック・ルドルフ事件，コロラド州コロラドスプリングスのプランド・ペアレントフッド病院（人工中絶を行っていた）が AK47 を持った男に襲撃され，3 人が殺害されたロバート・ルイス・ディアー・ジュニア事件などがある。

　ただ，これらの事件についても，キリスト教原理主義自体が彼らの動機づけとなっていたのか，それとも彼らの行動の理論的な裏づけとしてキリスト教原理主義が利用されたのかについては，議論がある。

③ 新興宗教によるテロリズム

　新興宗教テロリズムは，新興宗教団体が主体となって行うテロのことで，オウム真理教による地下鉄サリン，松本サリン事件をはじめとした一連のテロ事件（Lifton, 1999），ラジニーシによるサルモネラ菌テロ（Carus, 2000），ブランチ・ダヴィディアンによる銃撃戦と集団自殺（Wright, 1995），チャールズ・マンソンファミリーによる女優シャロン・テート殺害事件（Atchison & Heide, 2011）などがある。

　新興宗教団体がテロを行う理由はさまざまである。そもそも社会を敵視しており，社会を壊滅させることが必要であると考えている場合や，自分の宗教団体に対して妨害活動をする（と妄想的に考えているだけの場合もある）集団に対する反撃，自分の宗教の政治的な地位を確保しようとするため（たとえば，議会における反対勢力をつぶすなど），宗教的な儀式のためなどである。動機が多様であるため，彼らの行動原理や動機を一概に理解するのは難しい。また，その規模も小規模なものから非常に大規模なものまであり，予測は困難である。

　また，新興宗教におけるテロ活動については，そもそもテロの定義を満たすのか微妙なケースが少なくない。テロの定義としては，個人的な動機よりも重要な社会的な大義があることが挙げられるが，新興宗教テロの場合，この政治的・宗教的な大義がなかったり，あるいは曖昧であることも少なくない。たとえば，社会的大義というよりはむしろ，教祖やその取り巻きによる個人的な復讐や怒りの発露，逮捕を逃れるための行動，たんに欲求を満たすための行動であることがある。

(3) その他のタイプのテロリズム
① エコテロリズム
　ここまで挙げてきた政治的・宗教的テロリズムは，国体を変革するなどの大局的な目標を掲げていることが多かったが，それに対して近年では，単一の論点（中絶反対，原子力発電反対，工場建設反対，基地建設反対，ダム建設反対など）に関連して行われるテロ活動が目立つようになってきた。そのなかでも代表的なものが，「エコテロリズム」と言われるものである。

　エコテロリズム（Eco-terrorism）とは，反開発，反動物実験，反捕鯨などの過激なエコロジー運動のなかで行われる不法な実力行使のことをいう。

　エコテロリストにはさまざまなグループがあるが，このなかでわが国にも大きく関連しているのが，ポール・ワトソンの率いるシー・シェパード（Sea-Shepherd conservation society）による反捕鯨テロであり，日本の南氷洋における調査捕鯨活動に対して，船舶による体当たり攻撃，薬物投擲，レーザー光線照射，ロープをスクリューに巻き付けての船の破壊工作，ロケットランチャーの水平発射などの活動を繰り広げている（石川，2007；浜野，2009）。

　ほかには，英国を中心に活動し，毛皮工場やミンク取扱店に対するテロを繰り広げている動物解放戦線（ALF：Animal Liberation Front）や，英国の著名な研究機関であるハンディントン研究所をターゲットにし，動物実験に反対して役員に対する殺人予告を行ったり，傷害事件を引き起こしたり，

研究所への不法侵入，放火，関連企業や取引先の製薬会社，金融機関，大学
（日本の大学も含む）などに対してさまざまな攻撃を仕掛けている SHAC
（Stop Huntingdon Animal Cruelty）（黒澤，2008），精肉店や食肉加工工場な
どに対して業務妨害や破壊活動を行っている過激な菜食主義者（ヴィーガ
ン）[2]の団体である 269 ライフ・フランス（269 Life France），ブシェ
リー・アボリシオン（Boucherie Abolition）などがある。

② ローン・アクター（ローン・ウルフ）型のテロリスト

　従来の政治テロや宗教テロの主体は政治団体や宗教団体であったが，近年
の単一論点型のテロは，その主体が個人であったり，数人のグループだった
りすることも少なくない。特に近年では，インターネットなどの情報をもと
にして個人で勝手に憤り，自己内で過激化を進行させ（self-radicalization），
そのままテロを行ってしまう事例も現れてきている。このようなテロリスト
を，ローン・ウルフ型テロリストと言う（Bates, 2012）。最近ではむしろ，
ローン・アクター型という言葉が使われることが多くなっている（Gill,
2015；Gill et al., 2014；Hamm & Spaaij, 2015）。

　ローン・アクター型のテロリストとしては，ユナボマーことセオドア・カ
ジンスキーがいる。彼の目的は，「産業社会の発展は，人間性や生態系を破
壊する」という主張を広く人々に伝えたいというもので，1978 年 5 月から
1995 年にかけて，全米各地の大学と航空業界および金融関係者に爆発物を
送りつけ，3 人が死亡，29 人以上が重軽傷を負った事件を起こした。また，
ティモシー・マクベイは銃規制に反対し，オクラホマシティ連邦政府ビルを
爆破して子ども 19 人を含む 168 人を殺害し，800 人以上を負傷させた。

　テロ組織によって行われるテロは，公安機関が事前に何らかの情報をつか
めることが多く，何らかの事前対処が可能な場合が少なくないが，ローン・
アクター型のテロは個人が脈絡なしにテロを行うため，予測困難であり，世
界的に大きな脅威となっている。

---

[2]　ヴィーガン，あるいはヴィーガニズムは絶対菜食主義のことであるが，これ自体は
　　テロリズムと直接関係はない。テロを行うのは一部の過激なヴィーガンである。

　また，ローン・アクター型のテロリストが，インターネットなどを通じて相互に連絡を取って組織化し，集団でテロを行うというケースも発生しはじめている。たとえば，リオ・オリンピックでテロを計画していたとして検挙されたブラジル人グループは，このタイプであったと考えられる。彼らはISIL のプロパガンダに感化された者たちで，オンライン上でつながりを持ち，射撃訓練や戦闘訓練についてのチャットを行ったり，通信販売で銃器の購入を試みていた（鶴ヶ崎，2018）。このようなグループも，きっかけは宗教的な動機であるが，最終的には一般的な社会への不満などが大きなモチベーションとなっているケースが多いようである。

③ サイバーテロリズム

　サイバーテロリズムとは，ネットワークへの攻撃を通じて行われるテロリズムのことであり，国や公共機関，民間企業，軍隊などが対象とされる。手段としては，D(D)oS 攻撃，ターゲットのサイト上のデータの破壊や書き換え，システム破壊や乗っ取り，ウイルスの大量配布などがある。

　サイバーテロという言葉は，その背景にある思想や攻撃対象を指すものではなく，その手段を指すものであり，ここまで挙げてきたテロの分類とは異なる次元の分類である。つまり，右翼・左翼政治テロでも，伝統的宗教・新興宗教テロでも，エコテロリズムでもサイバーテロという方法をとりうるし，その主体も，国家による戦争行為に近いハッキングなどから，ハッカー集団によるもの，ローン・アクター型のもの，ネットワーク知識を持った個人の単なるいたずら（とはいえ，被害が甚大になることも少なくない）によるものまで多様である（Rogers, 2006；Seebruck, 2015；Al Mazari et al., 2018）。

　わが国でも，さまざまな規模のサイバーテロ被害が発生している（白井ら，2016）が，そのなかで大きな被害をもたらしたもののひとつとして，日本年金機構への標的型攻撃とデータ抜き取り事件がある。この事件では，職員に対してウィルスを仕込んだメール，あるいは不正 URL を記載したメールが集中的に送付され，うっかりこれらのメールを開いた職員の端末を経由し

て，およそ125万件の個人情報が抜き取られた。

3.　テロリズム心理学の研究分野とその概要

　テロリズムやその防止を研究するためには，さまざまなアプローチがありうる。テロリズムの特性やその思想について検討する国際政治的なアプローチ，テロを防ぐための制度や法律の整備について検討する法的アプローチ，テロが発生した場合の行政的，軍事的対応について検討する危機管理的アプローチなどである。

　心理学からのアプローチは，テロについての国際関係的な視点や法的な視点よりは，あくまでテロリストあるいはテロに巻き込まれた個人に焦点を当て，その行動の原因や特徴，結果，被害者へのカウンセリング手法などについて明らかにしていくことを目的とする。とはいえ，その研究対象や研究方法は多様である。以下では，テロに対する心理学的アプローチの領域を便宜的にいくつかのカテゴリーに分類して，その概略について説明してみたい。

(1)　テロリストの社会的起源
①　社会的要因とテロリズムの関連
　テロリストの社会的起源に関する研究は，テロリストの発生を主に社会的要因との関係で明らかにしていこうというアプローチである。貧困，民主主義，人種差別，宗教などとの関連について調査し，その相関関係，因果関係について明らかにしていくというものである。

　この研究領域で特に研究の多い分野としては，テロリストになる者の社会的属性の研究がある。多くの論者や政治家は，テロの原因として貧困や教育水準の低さを挙げており，これらを改善することによってテロが減少すると述べている。しかし，実証的な研究は，このような見解とまったく異なった結論を出している。貧困は直接テロの発生と関連しないし（Piazza, 2006），テロリストは貧困層よりもむしろ，中産階級以上の階層から出ることが多く

(Russell & Miller, 1977；Weinberg & Eubank, 1987；Krueger & Malecková, 2002)，また教育水準についても，むしろその国の標準的なものよりも高い (Krueger & Malecková, 2003；Berrebi, 2007) ことがわかっている。これは自爆テロリストについても同様である (Pedahzur et al., 2003)。

② 相対的剥奪感とテロリズムの関連

　もうひとつのテーマとしては，相対的剥奪感とテロリズムの関連についての研究がある。テロリストになることが，絶対的な貧困などと関連していないのであれば，ある個人がある社会体制のなかで，「本来自分が得られるはずのものが得られていない」と感じることが，その個人の不満やフラストレーションを引き起こし，このようにして引き起こされたフラストレーションや不快感情が，暴動やテロなどの攻撃を生むというのである (Gurr, 1970)。これをテロリズムの相対的剥奪感仮説という。

　この仮説によれば，テロリストとなるのは，社会的に抑圧された貧しい層の人間であるよりも，抑圧されている社会的なカテゴリーに属しているが，そのなかでは恵まれている人間が中心になる (Caplan, 1970)。実際，テロリストには，貧困層のなかからの数少ない大学進学者が多いことがしばしば指摘されている。また，この仮説では，「自分が剥奪されている」という感覚であるよりも，「自分たちの社会的カテゴリー（たとえば，イスラム教徒の特定の派閥などの宗教集団，アフリカ系アメリカ人などの人種集団，移民などの社会的集団など）が，社会的に剥奪されている」と感じる場合に，フラストレーションを生じやすいとしている（個人としての自分が剥奪されていると感じることは，これとは反対に，うつや頭痛，胃痛，不眠などのストレス症状と関連する）。この説は，暴動やテロを含む反社会運動についてはいくつかの研究で実証的に検討されている (Gaskell & Smith, 1984；Walker & Mann, 1987)。

③ テロの社会心理学的起源

　また，ミクロな観点の研究として，集団間葛藤，集団間偏見，集合的アイデンティティなどについての研究がある。テロや紛争はそもそも，内集団，

外集団をカテゴリー化して認知して，外集団を不公正の源泉であると原因帰属し，そこに，さらに怒りや憎しみを結びつけたうえで発生するものである。これらのプロセスはそれぞれ，社会心理学的な重要なテーマと関連している（Taylor & Louis, 2004）。本書では第 2 章と第 3 章で，この問題について詳しく解説する。

（2）テロリストの個人的起源（人はなぜテロリストになるのか）

　テロリストの個人的起源に関する研究は，ある人間がテロリストになるプロセスを，主にその心理的な背景との関係で明らかにしていこうというアプローチである（Pearlstein, 1991；Victoroff, 2005；Post, 2007）。

① 精神障害仮説

　古くからあるアプローチとして，テロリストの精神障害仮説がある。これは，テロリストは何らかの精神障害，あるいはパーソナリティ障害を持っていて，これが彼らがテロリストになる原因のひとつだというものである。具体的には，サイコパス，ソシオパス，パラノイア，ナルシシズムなどが挙げられることが多く，特にテロが一般の無関係な人々まで殺害するという点を挙げ，このようなことができるのは何らかの精神的な異常性があるからだ，と結論づけるのである（Johnson & Feldmann, 1992；Martens, 2004）。

　しかし，このような説は，実証的にはほとんど支持されない（Silke, 1998；Ruby, 2002）。たとえば，自爆テロリストでさえ，テロ以前に自殺のリスクファクターを持っていない場合が多い（Merari, 2006；Townsend, 2007；Merari et al., 2009）。

② 自己実現モデル

　テロリストに単に「精神障害者」だというレッテルを貼るだけでは，その理解は進まないのは明らかである。そこで近年では，テロリストの生育史を丹念にたどったり，そのインタビューや著作について分析したりすることによって，彼らの心的な世界を明らかにするという論考や，そのような論考に基づく実証研究が多くなってきている。これらのアプローチが描き出してい

るのは，いろいろな境遇に置かれている普通の青年が，自己実現の一環としてある思想に接近し，感化され，次第にテロ活動に従事するようになっていくというモデルである。

　具体的には，自らの属している社会的集団が差別され屈辱的な地位にあり，それに対して自らが立ち上がっていく必要があることを自覚し，テロリストになることを選択する，屈辱と報復モデル（Juergensmeyer, 2000；小川, 2007）。自分が社会的に疎外された存在であると認識したとき，勇ましさを持つカリスマ的な存在や，社会的に注目を浴びている組織に引きつけられていくという，疎外感モデル（高岡, 2015；国枝, 2015），自らが社会とつながっていることを実感し，そこで何か意味あることを成し遂げることが必要だと考え，それに適した思想を選び取っていくという，自己実現モデル（越智, 2017），などである。

　ホフマン（Hoffman, 1995）は，人々がテロリストになる動機づけ経路をもとにテロリストを，合理性に動機づけられたテロリスト，心理的に動機づけられたテロリスト，文化的に動機づけられたテロリストという3つのタイプに分類するという理論を提唱しているが，この枠組みもテロリストの個人的な動機づけを理解していく場合，非常に参考になるモデルである。

(3) テロリスト・プロファイリング

　テロリスト・プロファイリングは，テロ行動から犯人の属性を明らかにしたり，彼らが属している集団を推定したり，彼らが次にどのようなテロを行うのか，どこで行うのか，いつ行うのか，そのテロリストの攻撃について最適な対抗策は何なのか（Silke, 2010a）について，明らかにしていくアプローチである。

① テロリストのカテゴリー化

　テロリストの属性推定に関しては，プロファイリングの方法論を使用して，彼らをいくつかのカテゴリーに分類していくというアプローチが行われてきた。FBIは，右翼，左翼，そして中東系左翼のテロリストについて分析

し，彼らをリーダーとフォロワーに分け，その年齢，人種，教育歴，言語能力，知的能力，職業，宗教，家族構成，居住地域などについて，典型的な属性をリストアップしている（Strentz, 1988）。これは，連続殺人のプロファイリングにおいて，犯人を2つのタイプに分類してそれぞれの属性をリストアップしたのと，同様の方法論に基づくものである。

　また，ナンス（Nance, 2013）は，テロリストを政府によってトレーニングされたプロテロリスト（クラス1），宗教的過激派のプロテロリスト（クラス2），ラディカルな革命志向テロリスト（クラス3），ゲリラテロリストと傭兵（クラス4），アマチュアテロリスト（クラス5）に分類し，ハムデン（Hamden, 2018）は，報復テロリスト，サイコパシーテロリスト，エスノジオグラフィックテロリスト：宗教タイプ，エスノジオグラフィックテロリスト：政治タイプに分類し，それぞれの年齢，教育歴，養育歴，犯罪歴，軍歴などの典型な属性をリストアップしている。

　わが国では越智（2004）が，テロリストを使命型，使命・個人型，妄想型，職業・兵士型，追従者，パワー型の6種類に分けて，それぞれのタイプごとに，テロ活動に従事する動機についての説明を試みている。

② テロリスト集団のカテゴリー化

　しかし，テロ行動を理解するためには，それを直接的に担っている個人の特性を知るよりもむしろ，彼らがどのような集団に属しているかを知ることが重要であり，また，それによって行動の予測も可能となる。それゆえ，テロ対策においては，上記のような分類よりも，テロリストがどの集団に属しているのかを明らかにしていくほうが有効である。

　実際には，ここまでのプロファイリングができなければ，敵の出方や戦略，交渉方法などはわからない。具体的に言えば，犯人が自爆する可能性が推定できなければ，たとえ特殊部隊であっても容易に突入することはできないが，これは彼らが心理的にどのタイプのテロリストなのかを明らかにするだけでなく，どのグループに属しているか，どのグループの影響下にあるかを明らかにすることが必要である。

　このようなアプローチは，基本的にテロリストの思想や行動を理解している専門家によって行われているが，これを計量的に行った試みとして，大上（2013）のものがある。この研究では，テロ集団のターゲットや攻撃方法などの行動パターンから犯行を行ったテロ集団を推定することを試みている。

　同様な研究として，ウィルソン（Wilson, 2000）によるものがある。この研究では，100件のハイジャックと人質立てこもり事件を分析し，これらの事件におけるテロリスト集団の犯行方法や行動を，多変量解析を使って分析している。その結果，犯人グループの行動パターンは，グループごとに高度に一貫しており，それゆえ，手口からある程度，犯人の属するグループと行動を推定することができることが示された。

　また，テロリスト集団の次のターゲット，行動，犯行日時，場所などを予測する研究も行われている（Brown et al., 2004；Bennell & Corey, 2008）。

(4) テロリストの用いる心理的戦術とその分析

　テロリストが用いるさまざまな活動のなかには，心理学的な要素が重要な役割を果たしているものが少なくない。

① 広報戦略

　第一に挙げられるのが，自分たちの思想や行動を世間一般に広報し，大衆扇動をしたり賛同者を作り出していく広報戦略である。このなかで近年特に重視されているのが，インターネットを通じての広報である（Von Behr et al., 2013；Prentice & Taylor, 2019）。イスラム過激派はインターネットを効果的に使用して，ホームグロウン・テロリストを作り上げ，その戦術や武器の作り方などの情報を提供している。

　たとえば，2011年にフランクフルトで銃を乱射して米兵を射殺した犯人は，YouTubeでアフガニスタンに派兵された米兵が一般家庭を襲撃するという（この映像は偽物であった）映像を見て犯行を思い立った，ローン・アクター型のテロリストであった（片山，2016）。

　彼らがとっている戦略とその効果について分析していくことが，テロ対策

のためには重要であろう。

②　リクルート・洗脳戦略

　第二に挙げられるのが，新人をリクルートし，自分たちの思想に沿って教育（洗脳）し，テロ実行犯に育て上げていくプロセス（Della Porta, 1988；Blazak, 2001；Horgan, 2008）である。テロ集団を維持していくためには，新人メンバーを絶えず集めていくことが不可欠である。このリクルートと洗脳のプロセスは，カルト集団におけるそれとほぼ同じような方法であると，しばしば指摘される（Post, 1984；Morgan, 2001）。

　スタエルスキ（Stahelski, 2004）はこの戦略を詳細に分析し，テロリスト養成のための社会心理学的な条件づけ理論として定式化している。これは，リクルート洗脳のプロセスを 5 つのフェイズに分解して，説明するものである。5 つのフェイズとは，①他集団所属の禁止（Depluralization），②自己の脱個性化（Self-deindividuation），③外集団メンバーの脱個性化（Other-deindividuation），④外集団メンバーの非人格化（Dehumanization），⑤外集団メンバーの悪魔化（Demonization）である。

　また，ブザール（Bouzar, 2015, 2017）は，イスラム系セクト感化防止センターでの相談活動をもとに，ヨーロッパの若者がイスラム過激派に取り込まれていく過程，すなわちジハード化について，①「この世界はウソに満ちている」という映像の流布の段階，②「真実を知るグループ」への誘いの段階，③「選ばれた人」を戦闘に誘う段階，という三段階のリクルートモデルを提案しており，これらの洗脳の過程で使用される衝撃的な映像，魅惑的な音楽，引きずり込むようなリズム，催眠的な雰囲気，善か悪かという二分的な思考，ゲームや映画の利用，保護や再生を求める若者たちへの共感などの重要性について指摘している。

　日本の左翼テロリズムにおいても，ある程度洗練されたリクルート・洗脳戦略が用いられてきた。村田（1982/2011）には，そのエッセンスが要約されている。

(5) カウンターテロリズムとテロリスト・リコグニション（識別技術）

　カウンターテロリズムとは，テロに対する行政，警察，軍隊における対応手法や技術に関する研究・実践分野である。この分野においても，心理学的な知見はしばしば応用される。カウンターテロリズムにおける心理学の利用は主に，テロリストの取り調べ・交渉に関するもの，テロリスト・リコグニションに関するものに分けられる。

① テロリストの取り調べ・交渉

　テロリストの取り調べ・交渉については，まず，テロリストによる人質立てこもり事案に関する対処や，ハイジャックなどにおける対処に関する研究が重要である。

　テロリストによる人質立てこもり事案は，ベスラン学校占拠事件や，アルジェリアのイナメナス天然ガス精製プラント占拠事件など，悲惨な結果につながることが多く，そのために，突入などの方策を含めた対応策についての科学的な研究が必要である。

　次に，捕らえられたテロリストから効果的に情報を聴取する手法（Pearse, 2010：Silke, 2010b）についての研究も重要である。米国や西欧諸国では，9.11 同時多発テロ後のテロリストやテロに関連すると疑われた人物への取り調べは非常に過酷なものとなっており，これ自体，法律的，倫理的に非常に大きな問題である（Gaeta, 2004；Rumney, 2005；Pearse, 2013）。

　実際問題として，人権を守りながらかつ，治安を維持していくというのは非常に難しい課題であるが，適切な落としどころを探索していくことが実務家や研究者に求められている。

② テロリスト・リコグニション

　テロリスト・リコグニションは，テロの目的を持っている人物を事前に識別するための手法についての研究領域である。

　たとえば，入国管理などの場面において，テロ目的で偽った身分で入国し

てくる人物を識別したり，大規模なイベント会場で発見された不審人物がテロリストかどうかを識別するなどの手法（Nance, 2013），自爆テロリストを識別する手法（Aman, 2007），入国審査インタビューで犯行意図を隠している人物を発見するための方法（Monaro et al., 2018），末梢神経系や中枢神経系の反応を用いたポリグラフ検査を用いてテロリストを発見する手法（Costello et al., 2006），表情など，その他さまざまな方法を使って偽の身分を語っている人物を識別する方法など（Monaro et al., 2017；Jundi et al., 2015；Wu et al., 2011）の研究が行われている（Weinberger, 2010）。

　この種の研究は，米国の 9.11 同時多発テロ後，カウンターテロリズムに対する意識が高まったなかで，盛んに行われるようになったものである。

(6)　テロリズムに対する心理的インパクト――PTSD

　テロリズムについての心理的インパクトについての研究は，テロ行為がその直接の被害者やその事件を見聞きした人々にどのような心理的な影響を及ぼすのか，その最もシビアな帰結である心的外傷後ストレス障害（PTSD）についてどのような治療方策をとっていけばよいのか，などについて研究する領域である（Pomponio, 2002；Stout, 2002）。テロリズムに関する心理学研究のなかで，この分野に関するものが最も多い。

　テロは予測が困難で，無関係な人の日常生活に突然侵入してくるタイプの犯罪である。そのため，被害者（救急隊，警察，消防，軍隊，清掃作業従事者，災害復旧ボランティアなども含む）には，初期には急性ストレス障害，そして引き続いて PTSD が生じる場合があるほか，長期にわたる抑うつや薬物依存，不安障害やさまざまな身体症状，社会的関係性の喪失などが発生することがわかっている（飛鳥井, 2006；DiMaggio & Galea, 2006；Hobfoll et al., 2006；Neria et al., 2011；Smith & Barrett, 2019）。その症状は，自動車事故や他の種類の災害によって引き起こされた PTSD に比べて，重篤なものになりやすい（Shalev & Freedman, 2005）。

　また，テロは，直接その被害に遭った人だけでなく，テレビなどの媒体に

よってテロの報道に接した人に対しても，心理的，身体的な症状を引き起こす（Nemeroff et al., 2006；Garfin et al., 2015）。たとえば，9.11 同時多発テロはそのテレビ中継を通じて，米国国民全体に重大な心理的な影響を及ぼした（Ahern et al., 2002；Franz et al., 2009）。なかでも，現在あるいは過去に戦争や災害などの被害に遭っていた人々は，より大きな影響を受けた（Silver et al., 2002；Kinzie et al., 2002）。

　テロによって PTSD になった人々についても，通常の PTSD と同様の治療が行われるが，そもそも PTSD の治療は不安障害のなかでも困難であることが知られており，テロの PTSD についても例外ではない。特に被害が自国や自分の住んでいる地域，自分の普段の活動地域で生じた場合には，その影響は深刻なものになりやすい。そのため，自国内で大規模なテロが発生した場合には，国家的な規模での公衆精神衛生的な介入が必要となる可能性がある。

4. テロリズム心理学の展開

　本章では，テロリズムの定義，具体例，そしてテロリズムに対する心理学的なアプローチについて概観した。特に日本国内では，今までテロについての研究と言えば国際政治の文脈や法律学・行政学の文脈で行われてきており，そこに心理学的なアプローチが入る余地はほとんどなかった。しかし，本章，そして本書全体を見ていただければわかるように，テロリズムに対する心理学的なアプローチは，テロの理解や対策に有効なだけでなく，不可欠なものと言ってよいであろう。

　ただし，現状としてこの分野における国内の研究は非常に少ない。わが国の心理学者がこの分野に参入しない理由は，テロという現象をあまり身近なものと感じていないことにあると思われる。しかし，実は日本は，世界のなかでもテロリズムと最も密接に関係している国のひとつである。60 年代以降の学生運動をはじめとする左翼テロリズムは，国際的に見ても非常に大規

模で暴力的なものであったし，日本赤軍などの国際的なテロ集団の出自も日本である。オウム真理教事件など，世界に類を見ないテロ事件が発生しているし，世界各地でテロによって毎年のように日本人の犠牲者が出ている。さらには，サイバーテロの最も大きな標的のひとつも，わが国である。

　これらの事実を認識し，より多くの研究者がこの分野に参入し，研究を進めていくことが必要であろう。

【文　献】

安倍川元伸（2015）国際テロリズムハンドブック．立花書房

Ahern, J., Galea, S., Resnick, H., Kilpatrick, D., Bucuvalas, M., Gold, J., et al. (2002) Television images and psychological symptoms after the September 11 terrorist attacks. *Psychiatry : Interpersonal and Biological Processes*, **65**(4), 289-300.

Al Mazari, A., Anjariny, A. H., Habib, S. A., & Nyakwende, E. (2018) Cyber terrorism taxonomies : Definition, targets, patterns, risk factors, and mitigation strategies. In Information Resources Management Association, *Cyber security and threats : Concepts, methodologies, tools, and applications.* IGI Global, pp.608-621.

Aman, M. (2007) *Preventing terrorist suicide attacks.* Jones and Bartlett Publishers.

飛鳥井望（2006）地下鉄サリン事件被害者の心のケア．精神医学, **48**(3), 287-293.

Atchison, A. J. & Heide, K. M. (2011) Charles Manson and the family : The application of sociological theories to multiple murder. *International Journal of Offender Therapy and Comparative Criminology,* **55**(5), 771-798.

Bates, R. A. (2012) Dancing with wolves : Today's lone wolf terrorists. *The Journal of Public and Professional Sociology,* **4**(1), 1-14.

Bennell, C. & Corey, S. (2008) Geographic profiling of terrorist attacks. In R. N. Kocsis, *Criminal profiling : International theory, research, and practice.* Humana Press, pp.189-203.

Berrebi, C. (2007) Evidence about the link between education, poverty and terrorism among Palestinians. Peace Economics, *Peace Science and Public Policy,* **13**(1). 1-36.

Blazak, R. (2001) White boys to terrorist men : Target recruitment of Nazi skinheads. *American Behavioral Scientist,* **44**(6), 982-1000.

Bouzar, D. (2015) *Comment sortir de l' emprise djihadiste?* Editions de l'Atelier.（児玉しおり訳〈2017〉家族をテロリストにしないために——イスラム系セクト感化防止センターの証言．白水社）

Bouzar, D. (2017) A novel motivation-based conceptual framework for disengagement and de-radicalization programs. *Sociology and Anthropolology,* **5**, 600-614.

Brown, D., Dalton, J., & Hoyle, H. (2004, June). Spatial forecast methods for terrorist events in urban environments. In International Conference on Intelligence and Security Informatics, Springer, Berlin, Heidelberg, pp.426-435.

Caplan, N. (1970) The new ghetto man : A review of recent empirical studies. *Journal of Social Issues*, **26**(1), 59-73.

Carus, W. S. (2000) The Rajneeshees (1984). In J. B. Tucker, (Ed.), *Toxic terror : Assessing terrorist use of chemical and biological weapons*. MIT Press, pp.115-138.

Costello, R. B., Axton, J., & Gold, K. L. (2006) A new forensic picture polygraph technique for terrorist and crime deception system. *Journal of Instructional Psychology*, **33**(4), 230-250.

Della Porta, D. (1988) Recruitment processes in clandestine political organizations. *International Social Movement Research*, **1**, 155-169.

DiMaggio, C. & Galea, S. (2006) The behavioral consequences of terrorism : A meta-analysis. *Academic Emergency Medicine*, **13**(5), 559-566.

Franz, V. A., Glass, C. R., Arnkoff, D. B., & Dutton, M. A. (2009) The impact of the September 11th terrorist attacks on psychiatric patients : A review. *Clinical Psychology Review*, **29**(4), 339-347.

Gaeta, P. (2004) May necessity be available as a defence for torture in the interrogation of suspected terrorists ? *Journal of International Criminal Justice*, **2**(3), 785-794.

Garfin, D. R., Holman, E. A., & Silver, R. C. (2015) Cumulative exposure to prior collective trauma and acute stress responses to the Boston Marathon bombings. *Psychological Science*, **26**(6), 675-683.

Gaskell, G. & Smith, P. (1984) Relative deprivation in black and white youth : An empirical investigation. *British Journal of Social Psychology*, **23**(2), 121-131.

Gill, P. (2015) *Lone-actor terrorists : A behavioural analysis*. Routledge.

Gill, P., Horgan, J., & Deckert, P. (2014) Bombing alone : Tracing the motivations and antecedent behaviors of lone-actor terrorists. *Journal of Forensic Sciences*, **59**(2), 425-435.

Gurr, T. R. (1970) *Why men rebel*. Routledge.

浜野喬士 (2009) エコ・テロリズム——過激化する環境運動とアメリカの内なるテロ．洋泉社．

Hamden, R. H. (Ed.) (2018) *Psychology of terrorists : Profiling and counter action*. CRC Press.

Hamm, M. & Spaaij, R. (2015) *Lone wolf terrorism in America : Using knowledge of radicalization pathways to forge prevention strategies*. Retrieved June, 26, 2015. United States of America.

Hobfoll, S. E., Canetti-Nisim, D., & Johnson, R. J. (2006) Exposure to terrorism, stress-related mental health symptoms, and defensive coping among Jews and Arabs in

Israel. *Journal of Consulting and Clinical Psychology*, **74**(2), 207-218.

Hoffman, B. (1995) "Holy terror" : The implications of terrorism motivated by a religious imperative. *Studies in Conflict & Terrorism*, **18**(4), 271-284.

Horgan, J. (2008) From profiles to pathways and roots to routes : Perspectives from psychology on radicalization into terrorism. *The ANNALS of the American Academy of Political and Social Science*, **618**(1), 80-94.

Huff, C. & Kertzer, J. D. (2018) How the public defines terrorism. *American Journal of Political Science*, **62**(1), 55-71.

石川創 (2007) 南極海で撒き散らされる暴力と, 嘘と, 環境汚染. 鯨研通信, **435**, 1-8.

Johnson, P. W. & Feldmann, T. B. (1992) Personality types and terrorism : Self-psychology perspectives. *Forensic Reports*, 293-303.

Juergensmeyer, M. (2000) *Terror in the mind of God*. University of California Press.

Jundi, S., Vrij, A., Mann, S., Hillman, J., & Hope, L. (2015) 'I'm a photographer, not a terrorist' : The use of photography to detect deception. *Psychology, Crime & Law*, **21**(2), 114-126.

片山善雄 (2016) テロリズムと現代の安全保障. 亜紀書房

警備実務研究会 (2001) 右翼運動の思想と行動 [改訂版]. 立花書房

警察庁 (2004) 警備警察 50 年. 警察庁

金惠京 (2016) 無差別テロ——国際社会はどう対処すればよいか. 岩波書店

Kinzie, J. D., Boehnlein, J. K., Riley, C., & Sparr, L. (2002) The effects of September 11 on traumatized refugees : Reactivation of posttraumatic stress disorder. *The Journal of Nervous and Mental Disease*, **190**(7), 437-441.

Krueger, A. B. (2017) *What makes a terrorist*. Princeton University Press.

Krueger, A. B. & Malecková, J.(2002). Does poverty cause terrorism ? *The New Republic*, **226**(24), 27-33.

Krueger, A. B. & Malecková, J. (2003) Education, poverty and terrorism : Is there a causal connection ? *Journal of Economic Perspectives*, **17**(4), 119-144.

国枝昌樹 (2015) イスラム国の正体. 朝日新聞社

国末憲人 (2005) 自爆テロリストの正体. 新潮社

黒澤努 (2008) 動物実験代替法と動物実験反対テロリズム. YAKUGAKUZASSHI, **128**(5), 741-746.

Lifton, R. J. (1999) *Destroying the world to save it*. Owl Books.

Martens, W. H. (2004) The terrorist with antisocial personality disorder. *Journal of Forensic Psychology Practice*, **4**(1), 45-56.

Merari, A. (2006) Psychological aspects of suicide terrorism. In B. Bongar, L. M. Brown, L. E. Beutler, J. N. Breckenridge & P. G. Zimbardo (Eds.), *Psychology of terrorism*. Oxford University Press, pp. 101-115.

Merari, A., Diamant, I., Bibi, A., Broshi, Y., & Zakin, G. (2009) Personality characteristics of "self martyrs"/"suicide bombers" and organizers of suicide attacks. *Terrorism and Political Violence*, **22**(1), 87-101.

Moghaddam, F. M. & Marsella, A. J. (2004). *Understanding terrorism : Psychosocial roots, consequences, and interventions*. American Psychological Association.

Monaro, M., Gamberini, L., & Sartori, G. (2017) The detection of faked identity using unexpected questions and mouse dynamics. *PloS one*, **12**(5), e0177851.

Monaro, M., Gamberini, L., Zecchinato, F., & Sartori, G. (2018) False identity detection using complex sentences. *Frontiers in Psychology*, **9**, article283.

Morgan, S. J. (2001) *The mind of a terrorist fundamentalist : The psychology of terror cults*. Institute Spiritus Vitus.

村田宏雄 (1982/2011) オルグ学入門．勁草書房

Nance, M. W. (2013) *Terrorist recognition handbook : A practitioner's manual for predicting and identifying terrorist activities*. CRC Press.

Nemeroff, C. B., Bremner, J. D., Foa, E. B., Mayberg, H. S., North, C. S., & Stein, M. B. (2006) Posttraumatic stress disorder : A state-of-the-science review. *Journal of Psychiatric Research*, **40**(1), 1-21.

Neria, Y., DiGrande, L., & Adams, B. G. (2011) Posttraumatic stress disorder following the September 11, 2001, terrorist attacks : A review of the literature among highly exposed populations. *American Psychologist*, **66**(6), 429-446.

越智啓太 (2004) テロリストの心理的特性に関する研究の現状と展開．東京家政大学研究紀要，**1**，人文社会科学，**44**，209-217.

越智啓太 (2016) 犯罪捜査の心理学．新曜社

越智啓太 (2017) なぜ彼らはテロリストになるのか――犯罪心理学の観点から．海運：総合物流情報誌，**1078**，54-57.

小川忠 (2003) 原理主義とは何か――アメリカ，中東から日本まで．講談社

小川忠 (2007) テロと救済の原理主義．新潮社

大上渉 (2013) 日本における国内テロ組織の犯行パターン．心理学研究，**84**(3)，218-228.

Pearlstein, R. M. (1991) *The mind of the political terrorist.* : Scholarly Resources.

Pearse, J. (2010) Interrogation tactics and terrorist suspects. In A. Silke (Ed.), *The psychology of counter-terrorism*. Routledge, pp. 135-151.

Pearse, J. (2013) The interrogation of terrorist suspects : The banality of torture. In T. Williamson (Ed.), *Investigative interviewing*. Willan, pp. 86-106.

Pedahzur, A., Perliger, A., & Weinberg, L. (2003) Altruism and fatalism : The characteristics of Palestinian suicide terrorists. *Deviant Behavior*, **24**(4), 405-423.

Perry, N. J. (2003) The numerous federal legal definitions of terrorism : The problem of too many grails. *Journal of Legistlation*, **30**, 249-274.

Piazza, J. A. (2006) Rooted in poverty ? : Terrorism, poor economic development, and social cleavages. *Terrorism and political Violence*, **18**(1), 159-177.

Pitcavage, M. (2001) Camouflage and conspiracy : The militia movement from Ruby Ridge to Y2K. *American Behavioral Scientist,* 44(6), 957-981.

Pomponio, A. T. (2002) *Psychological consequences of terrorism.* Wiley.

Post, J. M. (1984) Notes on a psychodynamic theory of terrorist behavior. *Terrorism : An International Jounral,* 7, 241-256.

Post, J. M. (2002) Differentiating the threat of chemical and biological terrorism : motivations and constraints1. *Peace and Conflict : Journal of Peace Psychology,* 8(3), 187-200.

Post, J. M. (2007) *The mind of the terrorist : The psychology of terrorism from the IRA to al-Qaeda.* St. Martin's Press.

Prentice, S. & Taylor, P. J. (2019) Psychological and behavioral examinations of online terrorism. In Information Resources Management Association (Eds.), *Violent extremism : Breakthroughs in research and practice.* IGI Global, pp. 450-470.

Rogers, M. K. (2006) A two-dimensional circumplex approach to the development of a hacker taxonomy. *Digital investigation,* 3(2), 97-102.

Ruby, C. L. (2002) Are terrorists mentally deranged ? *Analyses of Social Issues and Public Policy,* 2(1), 15-26.

Rumney, P. N. (2005) Is coercive interrogation of terrorist suspects effective : A response to Bagaric and Clarke. *USFL Rev.,* 40, 479-513.

Russell, C. A. & Miller, B. H. (1977) Profile of a terrorist. *Studies in Conflict & Terrorism,* 1(1), 17-34.

Seebruck, R. (2015) A typology of hackers : Classifying cyber malfeasance using a weighted arc circumplex model. *Digital Investigation,* 14, 36-45.

Shalev, A. Y. & Freedman, S. (2005) PTSD following terrorist attacks : A prospective evaluation. *American Journal of Psychiatry,* 162(6), 1188-1191.

白井利明・間仁田裕美・松尾直樹・坂明・板橋功 (2016) サイバー攻撃の現状と対策――サイバーテロとサイバーエスピオナージ．警察学論集，69(7)，1-45.

Silke, A. (1998) Cheshire-cat logic : The recurring theme of terrorist abnormality in psychological research. *Psychology, Crime and Law,* 4(1), 51-69.

Silke, A. (2010a) *The psychology of counter-terrorism.* Routledge.

Silke, A. (2010b) Terrorists and extremists in prison. In A. Silke (Ed.), *The psychology of counter-terrorism.* Routledge, pp. 123-134.

Silver, R. C., Holman, E. A., McIntosh, D. N., Poulin, M., & Gil-Rivas, V. (2002) Nationwide longitudinal study of psychological responses to September 11. *Jama,* 288 (10), 1235-1244.

Smith, N. & Barrett, E. C. (2019) Psychology, extreme environments, and counter-terrorism operations. *Behavioral Sciences of Terrorism and Political Aggression,* 11, 48-72.

Stahelski, A. (2004) Terrorists are made, not born : Creating terrorists using social psychological conditioning. *Journal of Homeland Security*, March, 1-7.

Stout, C. E. (2002) *The psychology of terrorism : Theoretical understandings and perspectives, Vol. III.* Praeger Publishers/Greenwood Publishing Group.

Strentz, T. (1988) A terrorist psychosocial profile : Past and present. *FBI Law Enforcement Review*, April, 13-19.

高岡慶人 (2015)「ISIL」の脅威との闘い——わが国でイスラム過激派による国際テロを未然に防ぐために講じなければならないこととは何か. 治安フォーラム, **21**(7), 20-28.

Taylor, D. M. & Louis, W. (2004) Terrorism and the quest for identity. In F. M. Moghaddam & A. J. Marsella (Eds.), *Understanding terrorism : Psychosocial roots, consequences, and interventions.* American Psychological Association, pp. 169-185.

Townsend, E. (2007) Suicide terrorists : Are they suicidal ? *Suicide and Life-Threatening Behavior*, **37**(1), 35-49.

Townshend, C. (2018) *Terrorism : A very short introduction.* Oxford University Press.

鶴ヶ崎怜之 (2018) スポーツイベントを標的としたテロ. 国際テロ研究会編著 国際テロリズムの潮流. 立花書房

Victoroff, J. (2005) The mind of the terrorist : A review and critique of psychological approaches. *Journal of Conflict Resolution*, **49**(1), 3-42.

Von Behr, I., Reding, A., Edwards, C., & Gribbon, L. (2013) *Radicalisation in the digital era : The use of the internet in 15 cases of terrorism and extremism.* Rand.

Wagner, R. V. & Long, K. R. (2004) Terrorism from a peace psychology perspective. In F. M. Moghaddam & A. J. Marsella (Eds.), *Understanding terrorism : Psychosocial roots, consequences, and interventions.* American Psychological Association, pp. 207-220.

Walker, L. & Mann, L. (1987) Unemployment, relative deprivation, and social protest. *Personality and Social Psychology Bulletin*, **13**(2), 275-283.

Weinberg, L. & Eubank, W. L. (1987) *The rise and fall of Italian terrorism.* Westview Press.

Weinberger, S. (2010) Intent to deceive ? *Nature*, **465**(7297), 412-415.

Wilson, M. A. (2000) Toward a model of terrorist behavior in hostage-taking incidents. *Journal of Conflict Resolution*, **44**(4), 403-424.

Wright, S. A. (Ed.) (1995) *Armageddon in Waco : Critical perspectives on the Branch Davidian conflict.* University of Chicago Press.

Wu, Q., Shen, X., & Fu, X. (2011, October). The machine knows what you are hiding : An automatic micro-expression recognition system. In International Conference on Affective Computing and Intelligent Interaction. Springer, Berlin, Heidelberg. pp.152-162.

安田浩一 (2018)「右翼」の戦後史. 講談社.

Young, R.（2006）Defining terrorism : The evolution of terrorism as a legal concept in international law and its influence on definitions in domestic legislation. *Boston Colleage International & Comparative Law Review,* **29**, 23-104.

第2章

テロリズム発生における社会心理学的メカニズム

［縄田健悟］

1. はじめに

　テロリズムには，さまざまな視点からのアプローチがありうる。たとえば，テロリスト個人の特徴に注目したアプローチ，もしくは社会・経済・政治現象から社会現象としてのテロリズムを理解するアプローチ，といったものが挙げられるだろう。本章では集団，特に集団間紛争に関する社会心理学の知見と理論を中心にアプローチを行い，テロリズムの理解を試みる。

　なお，本章の内容は，第3章「実験社会心理学から見た集団間葛藤」と深い関連がある。本章で示すテロリストの基礎的な社会・集団的な心理過程は，第3章に描かれるような実験で，理論的に検証されてきたものである。併せて参照いただきたい。

(1) テロリストの個人的特徴

　テロリストの個人的特徴を調べた研究は多い。つまり，どのような人がテロリストになっているのかが調べられてきた。しかし，一貫した個人的特徴はなかなか見つからないようだ。

　まず，テロリストは常軌を逸した性格の持ち主なのだろうか。多くの研究

でテロリストに精神病理的な特徴は見られないことが，繰り返し指摘されてきた（Atran, 2003；Sageman, 2004；Gill & Corner, 2017）。むしろ，他の暴力犯罪に比べても，精神的に健康な人が多いという指摘さえなされている（Lyons & Harbinson, 1986）。つまり，「テロリスト＝精神障害者」というわけではない。アトラン（Atran, 2003）は，人は内面的特徴が人間行動の原因だと過剰に推測しがちである（基本的帰属のエラー）ために，テロという極めて悪い行為をする人は，極めて病理的な心理状態なのだろうと誤って推測されたのだ，と指摘している。

　では，教育・経済レベルとの関連はどうか。適切な教育を受けなかったことで，または貧困が原因で，彼らはテロリストになってしまったのか。しかし，教育・経済レベルもテロリストになることとは関係がなく，むしろその社会のなかでは，テロリストの学歴や経済レベルは相対的に高いことが多いとさえ指摘されてきた（Atran, 2003；Krueger, 2007；Pape, 2005；Sageman, 2004）。つまりテロリストが，「教育を受けられなかった貧困層」だと単純に理解してはならない。

(2) 宗教が悪いのか

　もうひとつ考えるべき点として，特に紛争場面でのテロは，宗教が原因であるという印象を持つ人が多いだろう。2001年の米国9.11同時多発テロ以降，近年のISILの印象もあり，イスラム教が暴力的だという印象が強まっているかもしれない。

　しかし，2000年以降のテロ攻撃では，確かに宗教的動機に基づくものが急増したが，もともと2000年より以前には，世界のテロ攻撃は宗教的動機に基づくものはほとんどなかったという（Atran, 2004）。また，当然ながらイスラム教だけが暴力行為を行ったわけではない。カトリック系のIRAや，仏教系のオウム真理教が暴力的であったように，さまざまな宗教集団が暴力的になりうる。さらに，宗教ではなくとも，右翼・左翼イデオロギーもテロ組織の理念的基盤となってきた。宗教教育もテロリストを生み出すわけでは

ないようだ（Ginges et al., 2011）。

　宗教には，祈りを捧げるなどの信仰心に関わる心理的側面と，宗教集団に加入しコミュニティで他者と関わるといった，社会システムや制度などの集団・組織的側面が存在する。宗教と暴力の関連を考えるうえで，この区別を考える必要がある。

　ギンジスら（Ginges et al., 2009）は，この宗教心と宗教集団の2側面がそれぞれ，テロリズムを支持する態度とどう関連するか調べた。この研究では，パレスチナとムスリム6カ国において，質問紙調査を行った。その結果，自爆テロを支持するかどうかは，心理的側面としての「神への祈り」よりも，集団的側面としての「集合的宗教サービス（教会など）への参加の頻度」のほうが，よりよく説明することが示された。つまり，神に祈りを捧げることではなく，宗教集団のなかでの社会・集団過程こそが，テロリズム支持を醸成しうることが示されたのである。

　以上を踏まえると，テロリズムにおいては，宗教心そのものを槍玉に挙げるのではなく，宗教活動に伴う集団の影響過程を理解することが重要となる。

(3) 集団間紛争の視点から見たテロリズム

　このように，テロリズムにおいては"集団"が重要な役割を担っている。そこで本章では，集団のなかでも特に，集団間紛争の視点からテロリズムの理解を試みる。

　集団間紛争（集団間葛藤：intergroup conflict）とは，集団と集団の間で生じる争いごとを指す。テロリズムは集団間紛争のなかで発生することが多い。たとえば，イスラム原理主義の過激派から欧米諸国に対するテロ行為は，「イスラム原理主義集団 対 欧米諸国」という集団間紛争の枠組みのなかで生じたものである。実際に，自爆テロの一貫した予測因は，「加害者と被害者の宗教の違い」だと指摘されてきた（Pape, 2005）。自爆テロの統計を調べると，90％の攻撃が他宗教の被害者を狙っているものであった（Berman

& Laitin, 2005)。すでに記したとおり，宗教的な信仰心がテロリズムを生むのではない。そのため，宗教心そのものではなく，自分と異なる宗教に所属するという宗教集団間の対立的関係性の枠組みから理解する必要がある。

　集団間紛争に関しては，社会心理学において多くの研究が行われてきた。したがって，集団間紛争に関する社会心理学的メカニズムは，テロリズムの心理・行動の理解にも適用できるだろう。そこで，特に次の 2 つの観点からテロリズムの理解を試みる。1 点目が，集団アイデンティティである。テロ集団に対する成員性に基づいて，「お国のために」「大義のために」戦うテロリズム現象を理解していく。2 点目が，テロリストへ報酬が与えられる社会構造である。テロリストであることが社会・集団のなかで，何らかの“得”となっているような社会構造が存在する場面では，集団のなかで生き延びていくために，テロリストになることが考えられる。

2.　集団アイデンティティ

　1 点目の側面として，集団アイデンティティの視点からテロリズムの暴力性を議論する。集団アイデンティティとは，ある特定の集団に対する社会的アイデンティティのことであり，集団成員性から自己定義を行うことを指す。たとえば，自分は日本人である，自分はイスラム教徒である，自分は○○大学生であるといったように，人は所属集団のメンバーであることから自分自身を認識することがある。いわば，所属集団への我々意識の強さのことである。

　集団アイデンティティが高まることによって，外集団への暴力が生み出されることがある。こうした過程として，集団間感情と集団間代理報復，ならびにアイデンティティ融合から詳細を見ていこう。そして，この心理プロセスが，テロリストにおいても同様に成り立つ可能性を見ていく。

（1） 敵対集団からの被害と報復——集団間感情と集団間代理報復

　集団アイデンティティが攻撃を生み出すメカニズムとしてまず重要となるのが，敵対集団からの被害である。

　集団間感情理論（Intergroup Emotions Theory）（Mackie et al., 2008；日本語での解説は，縄田，2015 を参照）によると，外集団からの被害に対しては強い怒りを感じ，外集団への攻撃性が高まる。そして多くの研究で，特に集団アイデンティティが高い人において，内集団への被害事象に対して外集団への怒り感情と攻撃性が高まることが指摘されている（Mackie et al., 2000）。集団アイデンティティが高い人にとっては，内集団の被害は「自集団ごと＝自分ごと」として認識されている。特に，集団間紛争場面では，お互いに攻撃を加え合うなかで，両者ともに被害者としての側面を持っている。自分たちが危害を受けているという認識は，相手集団への怒り感情を強めた結果，攻撃的政策への支持を強める（縄田・山口，2012）。

　こうした外集団成員による内集団成員への加害は，非当事者間での報復行動としての集団間代理報復（縄田・山口，2011a，2011b；Nawata & Yamaguchi, 2013）が生じることもある（**図 2-1 左**）。そして，代理報復はさらなる代理報復を生み出す。これが連鎖的に生じることで，いわゆる "報復が報復を呼ぶ" という状態となり，集団間紛争は雪だるま式に拡大していく（**図 2-1 右**）。

　テロリズムにおいても，以上の集団間感情と集団間代理報復からなる心理過程が成立しうると考えられる。自分の所属する集団において被害が発生したとする。たとえば，自分の家族や友人が，他国からの軍事作戦のなかで殺害されたというものである。このとき，強い怒りと敵意を感じ，加害者本人だけではなく，加害者の所属集団全体であるその国の人々に対して，誰でもよいから報復してやりたいと考えるようになる。そうした心理から自らテロリストとなり，たとえば自爆テロの実行者となることがあるだろう。そして，それは報復の連鎖を引き起こし，テロリスト側も代理報復を受けた国側

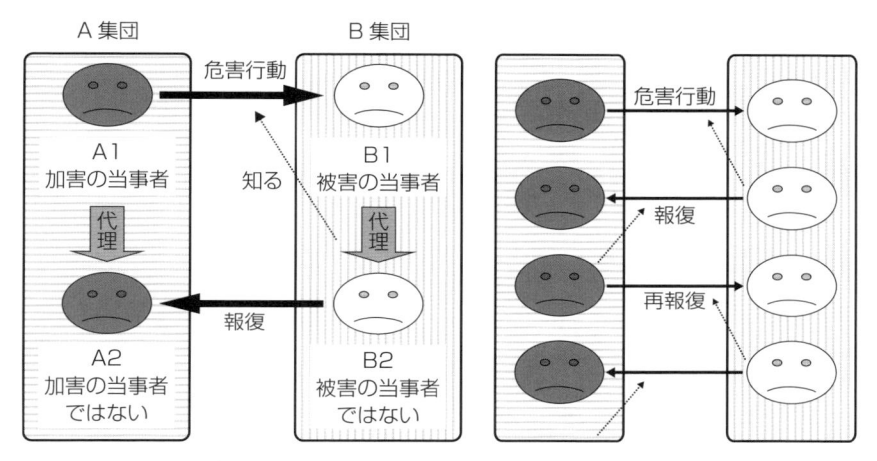

図2-1　集団間代理報復（左）と報復の連鎖による紛争の拡大（右）

も，お互いが「仲間が殺された。自分たちこそが被害者だ」という被害感を
強め，紛争状態は激化していく。

(2)　献身的行為者としてのテロリスト──アイデンティティ融合

　さらに，テロリズムのような過激な暴力行動を理解するうえでは，集団ア
イデンティティがより自分自身に深く入り込んだ状態としての，「アイデン
ティティ融合（identity fusion）」と呼ばれる心理状態から理解することが有
益である。人はときに，自分の命を賭けてでも，自分の所属集団を守ろうと
することがある。これは「極限的向社会行動（extreme pro-group
behavior）」と呼ばれる。極限的向社会行動は，アイデンティティ融合から
よく予測できるという。

　アイデンティティ融合度の典型的な測定方法として，自分と集団の2つの
丸を示し，自分と集団がどの程度重なり合っているか，その重なり度合いを
選択してもらうというものがある（**図2-2**）。ここで，集団に自分が内包さ
れる状態（**図2-2の右端E**）だと答えた人は，アイデンティティ融合状態
にあると見なされる。

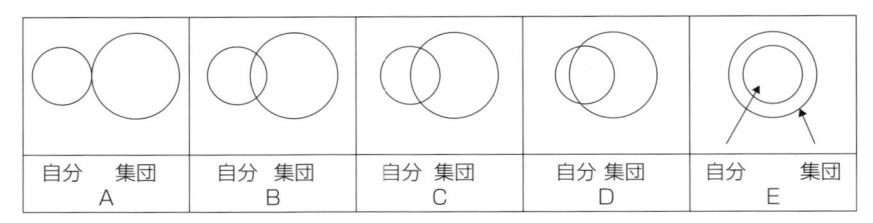

図 2-2　アイデンティティ融合の測定

　スワンらは，アイデンティティ融合に関する一連の研究を行い，アイデンティティ融合者は，"お国"のために命を賭けた過激な利他行動をとる傾向が高いということを，繰り返し示してきた。アイデンティティ融合状態の人は，自分の国のために戦ったり死んだりすることに，肯定的な回答を行う（Swann et al., 2009）。こうした傾向は，スペイン人，アメリカ人，インド人，中国人，日本人など，さまざまな国でも同様であった（Swann et al., 2014）。また，自分ひとりの命を投げ出して内集団成員 5 名の生命を救うかという課題においても，やはりアイデンティティ融合者は肯定的回答をする割合が高かった（Swann et al., 2010a）。

　アイデンティティ融合状態は，一見すると集団に飲み込まれてしまい，自分を見失ってしまった心理状態だと感じられるかもしれない。しかし，実際にはむしろ，アイデンティティ融合状態にある人は，自身の強い意志と信念に基づいて自己犠牲的攻撃行動をしようとする。たとえば，ある研究では，テロリストを殺して爆破を阻止しなくては多数の犠牲が出る，という場面を想定してもらった。このとき，アイデンティティ融合者は，他の自国民に任せるのではなく，自分自身で命をかけて爆破を阻止したいのだと回答していた（Swann et al., 2010a）。また，心理的な覚醒度の高まった状態において特に，アイデンティティ融合者の自己犠牲的攻撃がより選ばれるようになることも指摘されている（Swann et al., 2010b）。

　こうした，アイデンティティ融合状態が持つ，自分こそが積極的に攻撃に従事するという点は，テロリストの心性と近いと考えられる。たとえば，ア

ル・カーイダ関連組織のテロリストへのインタビューでは，自分が自己犠牲を行うことで，家族の将来の安全が守られると信じられていた（Atran, 2003）。自己犠牲を行ってでも自分の集団を守ろうとする心理は，テロリズムの心理の中核だと言える。

　こうした観点から，近年では集団間紛争場面でテロリストとして積極的に攻撃に従事する者は，「献身的行為者（devoted actor）」として理解できるという指摘がなされている（Atran & Sheikh, 2015）。献身的行為者には，2つの心理的な特徴があることが知られている。ひとつは，先に述べたアイデンティティ融合である。アイデンティティ融合状態にあることによって「集団＝自分自身」として認識される。それに加えて，聖なる価値（sacred value）が重要となる。これは集団に対して，お金や物には代えられない神聖な価値を感じることを指す。近年の研究では，この2側面の組み合わせ（交互作用）の効果が確認されており，「集団へのアイデンティティ融合」が高く，かつ集団や宗教に対して「聖なる価値」を感じた人は，集団のために命を賭けて戦いたいと回答していた（Sheikh et al., 2016）。

　重要な点は，こうした献身的行為者の心理状態は，テロリストに限られたものではないことだ。むしろ，イスラム過激派のテロリストも，そのテロリストを相手に戦う軍人も，集団のために命を賭けて戦う心理過程は同じものである。実際に ISIL を相手に戦う前線兵士への調査では，兵士は集団の価値に対してアイデンティティ融合を行っていた。また，彼らは実際に戦場で怪我を負うという自己犠牲を行う割合が高く，命を賭けてでも戦闘に参加したいとインタビューで答えていた（Gómez et al., 2017）。

　つまり，テロリストだけが特別な心理状態なのではない。心理学が示すべきは，テロリストの心理が理解不可能な特別で異質なものなのではなく，命をかけて自国社会に奉仕する軍人と同様の動因から活動していることである。集団のために戦う心理こそが，テロリズム現象を理解していくために重要となる。こうしたアプローチによって，一見すると理解し難いテロリストの心理に関する理解が深まると考えられる。

3. テロリストにとって得となる社会構造

　集団が持つもうひとつの重要な側面として，テロリストにとって得となるような社会・集団的な構造の存在が指摘できるだろう。こうした社会・集団のもとでは，テロリストになることは"得"となる。テロリストになることに報酬があるならば，その報酬を求めてテロリストになる者が多数いてもおかしくない。つまり，社会・集団のなかで生き延びる術として，テロリストになることがありうると考えられる。

　ここで与えられる報酬には，3つの側面が考えられる。①物質的・経済的報酬，②社会的報酬，③生殖的報酬である。それぞれ見ていこう。

(1) テロリストへの物質的・経済的報酬

　テロリストは社会のなかで，経済的な報酬を受けることがある。投獄されたメンバーの家族は，組織やコミュニティから経済的・物質的サポートまで受ける (Post et al., 2003)。たとえば殉教した息子や娘がいることで，パレスチナの自爆テロリストの家族に対して，最大 10,000 ドルもの金銭が与えられたという (Sosis & Alcorta, 2008)。また，7つのテロ組織の9年間の自爆テロを調べた研究では，自爆テロ行為者の家族に対するテロ組織からの経済的補償金額が高いほど，ならびにその国の経済状態が悪化しているほど，自爆テロ件数が有意に高くなっていた (Rohrer & Sobek, 2016)。

　このように，テロリストを経済的に支援する社会システムの存在が，テロ集団へと若者を引き寄せ，このことがテロ行為の増加へとつながりうる。

(2) テロリストへの社会的報酬

　2つ目が，テロリストへの社会的報酬である。社会的報酬とは，集団内のメンバーから賞賛され，名誉が与えられることを指す。人には集団に所属したい，他者から承認されたいという根源的欲求があり，こうした社会的報酬

は，物質的・経済的報酬と同じく，ときにはそれ以上に人の動機づけとして機能する。

　筆者は，集団間紛争の研究のなかで，人は内集団からの社会的報酬を求めて，集団での攻撃に従事することがあることを示してきた。先に紹介した集団間代理報復の実験研究では，自分が報復することで同じ集団のメンバーからの賞賛を受けると思った人ほど，より強い集団間代理報復行動をとっていた（Nawata & Yamaguchi, 2013；縄田・山口, 2011b）。これは実験室実験の結果であるが，現実の非産業社会の戦争場面でも同様である。筆者は，文化人類学者がコーディングしたデータベースを用いて，戦士に与えられる社会的報酬と戦争との関連を統計的に検討した（Nawata, 2019）。その結果，戦士に高い社会的報酬が与えられている社会ほど，戦争の頻度が多いことが示された。特に，男らしさを重視する名誉の文化では戦士へ高い賞賛が与えられるため，戦争の頻度も多かった。

　このように，内集団のなかで戦う人々に賞賛・特権といった社会的報酬が与えられる社会では，こうした社会的報酬を求めて，集団間攻撃に従事する人が増えると考えられる。これは，テロリストにおいても同様だろう。賞賛や名誉などの社会的報酬を求めてテロリストになる者がいても，不思議ではない。

　実際に，テロリストはその社会では賞賛されることが多い。そもそも「テロリスト」と呼ぶのは，攻撃される側である。しかし，彼らは自身のコミュニティのなかでは英雄として，「自由を求めた戦士（freedom fighter）」などと呼ばれている。たとえば，イスラム過激派アル・カーイダの司令官であり，9.11 米国同時多発テロの首謀者であるウサマ・ビンラーディンは典型だろう。9.11 同時多発テロの翌年に，「正しいことを行った世界的人物」を挙げてもらう調査が行われた。その調査では，パレスチナ人の 71%，さらには多くのイスラム圏の国々で，ビンラーディンは非常に高く支持されていた。ビンラーディンは悪の権化どころか，逆に当時の地元では英雄視されていた。また，投獄された中東のテロリストに対するインタビューでも，イス

ラエルに武装闘争を行うイスラム原理主義組織であるハマスに所属すると，所属していない人よりも高く扱われていたと述べている（Post et al., 2003）。村のなかでの社会的地位がずっと高まり，知り合いや村の若い人から尊敬を受けたという。

　このように，テロリストを賞賛するような風土がある集団のなかでは，その社会的報酬を求めてテロリストとなる人々が現れる。こうした視点は，社会としてテロリズムやテロリストをどう見なし，どう扱っていくのかと関わる点であり，より議論と理解を深めることが強く求められる。

(3) テロリストへの生殖的報酬

　最後に，生殖的な報酬に関しても少し触れたい。進化心理学の観点からは，自分の遺伝子を次世代に残すことに有利な傾向が見られれば，その心理・行動傾向は次世代へと遺伝し，その行動が人間の性質として根付いていく。もしも戦士となることが，生き延びて，子孫を残すうえで有利であれば，戦う心理・行動傾向は人間に備わると考えられる。

　文化人類学の研究では，南米のヤノマミ族において，殺害経験者ウノカイは妻や子どもが多いことが指摘されている（Chagnon, 1988）。また，東アフリカのニャンガトム族では，年長者では若い頃の略奪と妻や子どもの数は相関しているという（Glowacki & Wrangham, 2015）。これは，前産業社会のみならず現代の戦争場面においても同様であり，第二次世界大戦において勲章を受けた退役軍人は，子どもが多いという（Rusch et al., 2015）。さらには，現代の都会の非行集団においても，暴力的なギャングメンバーは性的パートナーが多いようだ（Palmer & Tilly, 1995；Ghiglieri, 1999）。

　このように，戦う男たちはどうやら，社会のなかでも生殖的に成功する傾向があるようだ。もしそうであれば，テロリストにも同じことが考えられるかもしれない。直接的な根拠はいまだ提出されていないようだが，意識的／無意識的に生殖的成功を求めてテロ集団に加入する可能性も，十分に考えられる。

　以上，テロリストに関して，3側面で報酬が与えられる可能性を述べた。これらの3側面は排他的ではなく，視点や時間軸を変えれば，相互に重なり合うものである。これらのさまざまな報酬を求めて，人はテロリズムに従事する可能性がある。逆に言うと，社会がテロリストに物質的・社会的・生殖的な報酬を与えているうちは，この報酬を求めてテロリストになろうとする人が現れるだろう。社会システムや価値観自体を変化させていくことが必要となる。

4.　今後の展望として

　ここまで，テロリズムの社会心理学的メカニズムとして，集団間紛争の視点から，①集団アイデンティティと，②テロリストが得する社会・集団構造に関して見てきた。最後に，上述を踏まえながら，社会心理学の視点からテロリズムを今後どう考えていくべきかを述べたい。

(1)　テロリスト組織への加入と社会化に関して

　ここまで，集団間紛争に関する社会心理学の視点を中心に見てきたが，集団研究からのテロリズムを理解するうえでは，テロ組織での社会化（socialization）・過激化（radicalization）に関しても，今後，より理解を深めることが必要だろう。テロリストはどのようにテロ組織へとリクルートされ，加入していくのか。また，テロ組織のなかでいかに「教育」ないし「マインド・コントロール」され，過激化していくのか。こうした点に関しては，カルト集団や非行集団・暴力団への加入と社会化の研究と，理論的に同じ枠組みから理解することができると考えられる。本章では十分に論述できなかったが，こうした観点からの研究も今後必要となるだろう。

(2)　テロリストをどう扱うか

　日本社会のテロリズム研究，という視点から考えたときに，我々はテロリ

ストをどのように見なして対処していくのがよいだろうか。本章が採っている集団間紛争のアプローチでは，テロリストを敵対集団メンバーとして見ている。はたしてそれでよいのだろうか。

　テロリストをどのように見なすかで，人々から見たときの処遇が変化するという研究がある（Golec de Zavala & Kossowska, 2011）。「テロリスト＝兵士」だと見なしたときに，人はそのテロ集団への軍事攻撃を支持するようになる。それに対して，「テロリスト＝犯罪者」だと見なすと，そのテロリストに対して，法的裁判を行うことを支持するようになるという。

　それでは，現代日本における「テロとの戦い」とは，いったい何を指すのか。「日本 vs. 悪玉組織との戦争」という集団間紛争だろうか。それとも，「犯罪組織に対する取り締まり」という刑事事件だろうか。社会心理学では前者の枠組みを採ることが多く，一方で犯罪心理学では後者の枠組みだろう。テロリストを社会のなかでどう位置づけるのかによって，人々の認識が変わり，そして対処方針が大きく変わってくる。こうした点に関しては，改めて社会全体で合意を形成しながら，適切に対処していくことが求められるだろう。

（3）日本社会への適用

　前項とも関連する話であるが，本章では集団間紛争の視点を中心に見てきた。一方で，日本では民族間紛争や宗教間紛争に基づくテロは，ほとんど起こらない。かつては，左翼・右翼過激派によるテロが繰り返し起きていたし，1990 年半ばにはオウム真理教による松本サリン事件・地下鉄サリン事件も発生した。現在ではローン・アクター型のテロなどの，これまでとは異なる形のテロ事件も見られるようになった（本書第 5 章も参照）。これらの日本社会で起きてきた，もしくは今から起こりうるテロリズムに対して，集団間紛争の視点からどのように理解・解釈していくのがよいだろうか。この点は，改めて慎重に検討しながら，今後より丁寧に吟味していくことが必要となるだろう。

【文　献】

Atran, S.（2003）Genesis of suicide terrorism. *Science*, **299**(5612), 1534-1539.

Atran, S.（2004）Mishandling suicide terrorism. *The Washington Quarterly*, **27**(3), 65-90.

Atran, S. & Sheikh, H.（2015）Dangerous terrorists as devoted actors. In V. Zeigler-Hill, L. L. M. Welling & T. K. Shackelford（Eds.）, *Evolutionary perspectives on social psychology*. Springer, Cham, pp.401-416.

Berman, E. & Laitin, D.（2005）Hard targets: Theory and evidence on suicide attacks（No. w11740）. *National Bureau of Economic Research*.［https://www.nber.org/papers/w11740］

Chagnon, N. A.（1988）Life histories, blood revenge, and warfare in a tribal population. *Science*, **239**(4843), 985-992.

Ghiglieri, M. P.（1999）*The dark side of man : Tracing the origins of male violence*. Perseus Publishing.（松浦俊輔訳〈2002〉男はなぜ暴力をふるうのか——進化からみたレイプ・殺人・戦争．朝日新聞社）

Gill, P. & Corner, E.（2017）There and back again: The study of mental disorder and terrorist involvement. *American Psychologist*, **72**(3), 231-241.

Ginges, J., Atran, S., Sachdeva, S., & Medin, D.（2011）Psychology out of the laboratory : The challenge of violent extremism. *American Psychologist*, **66**(6), 507-519.

Ginges, J., Hansen, I., & Norenzayan, A.（2009）Religion and support for suicide attacks. *Psychological Science*, **20**(2), 224-230.

Glowacki, L. & Wrangham, R.（2015）Warfare and reproductive success in a tribal population. *Proceedings of the National Academy of Sciences*, **112**(2), 348-353.

Golec de Zavala, A. & Kossowska, M.（2011）Correspondence between images of terrorists and preferred approaches to counterterrorism : The moderating role of ideological orientations. *European Journal of Social Psychology*, **41**(4), 538-549.

Gómez, Á., López-Rodríguez, L., Sheikh, H., Ginges, J., Wilson, L., Waziri, H., et al.（2017）The devoted actor's will to fight and the spiritual dimension of human conflict. *Nature Human Behaviour*, **1**(9), 673-679.

Krueger, A. B.（2007）*What makes a terrorist : Economics and the roots of terrorism*. Princeton University Press.（藪下史郎訳〈2008〉テロの経済学——人はなぜテロリストになるのか．東洋経済新報社）

Lyons, H. A. & Harbinson, H. J.（1986）A comparison of political and non-political murderers in Northern Ireland, 1974-84. *Medicine, Science and the Law*, **26**(3), 193-198.

Mackie, D. M., Devos, T., & Smith, E. R.（2000）Intergroup emotions : Explaining offensive action tendencies in an intergroup context. *Journal of Personality and Social Psychology*, **79**, 602-616.

Mackie, D. M., Smith, E. R., & Ray, D. G. (2008) Intergroup emotions and intergroup relations. *Social and Personality Psychology Compass*, **2**(5), 1866-1880.

縄田健悟 (2013) 集団間紛争の発生と激化に関する社会心理学的研究の概観と展望. 実験社会心理学研究, **53**(1), 52-74.

縄田健悟 (2015) "我々" としての感情とは何か？エモーション・スタディーズ, **1**(1), 9-16.

Nawata, K. (2019) A glorious warrior in war: Sociocultural level evidence of honor culture, social rewards for warriors and intergroup conflicts. *Group Processes & Intergroup Relations*.

縄田健悟・山口裕幸 (2011a) 集団間代理報復における内集団観衆効果. 社会心理学研究, **26**(3), 167-177.

縄田健悟・山口裕幸 (2011b) 個人間の危害行動が集団間紛争へと拡大するとき――一時集団における集団間代理報復の萌芽的生起. 実験社会心理学研究, **51**(1), 52-63.

縄田健悟・山口裕幸 (2012) 集団間攻撃における集合的被害感の役割――日中関係による検討. 心理学研究, **83**(5), 489-495.

Nawata, K. & Yamaguchi, H. (2013) Intergroup retaliation and intra-group praise gain: The effect of expected cooperation from the in-group on intergroup vicarious retribution. *Asian Journal of Social Psychology*, **16**(4), 279-285.

Palmer, C. T. & Tilley, C. F. (1995) Sexual access to females as a motivation for joining gangs: An evolutionary approach. *Journal of Sex Research*, **32**(3), 213-217.

Pape, R. (2005) *Dying to win: The strategic logic of suicide terrorism*. Random House.

Post, J., Sprinzak, E., & Denny, L. (2003) The terrorists in their own words: Interviews with 35 incarcerated Middle Eastern terrorists. *Terrorism and Political Violence*, **15**(1), 171-184.

Rohrer, S. & Sobek, D. (2016) Name your price : Economic compensation and suicide terrorism. *International Journal of Peace and Development Studies*, **7**(8), 76-88.

Rusch, H., Leunissen, J. M., & van Vugt, M. (2015) Historical and experimental evidence of sexual selection for war heroism. *Evolution and Human Behavior*, **36**(5), 367-373.

Sageman, M. (2004) *Understanding terror networks*. University of Pennsylvania Press.

Sheikh, H., Gómez, A., & Atran, S. (2016) Empirical evidence for the devoted actor model. *Current Anthropology*, **57** (S13), S204-S209.

Sosis, R. & Alcorta, C. S. (2008) Militants and martyrs : Evolutionary perspectives on religion and terrorism. In R. Sagarin & T. Taylor (Eds.), *Natural security : A Darwinian approach to a dangerous world*. University of California Press, pp.105-124.

Swann Jr, W. B., Buhrmester, M. D., Gómez, A., Jetten, J., Bastian, B., Vázquez, A., et al. (2014) What makes a group worth dying for? Identity fusion fosters perception of familial ties, promoting self-sacrifice. *Journal of Personality and Social Psychology*, **106** (6), 912-926.

Swann Jr, W. B., Gómez, Á., Dovidio, J. F., Hart, S., & Jetten, J. (2010a) Dying and killing for one's group : Identity fusion moderates responses to intergroup versions of the trolley problem. *Psychological Science*, **21**(8), 1176-1183.

Swann Jr, W. B., Gómez, A., Huici, C., Morales, F., & Hixon, J. G. (2010b) Identity fusion and self-sacrifice : Arousal as catalyst of pro-group fighting, dying and helping behavior. *Journal of Personality and Social Psychology*, **99**, 824-841.

Swann Jr, W. B., Gómez, A., Seyle, D. C., Morales, J., & Huici, C. (2009) Identity fusion: The interplay of personal and social identities in extreme group behavior. *Journal of Personality and Social Psychology*, **96**(5), 995-1011.

第3章

実験社会心理学
から見た
集団間葛藤

[杉浦仁美]

1. 実験社会心理学におけるテロリズム研究の位置づけ

　9.11 米国同時多発テロ（以下，9.11 テロ）事件後の 2005 年，スペインの
マドリードで行われた The International Summit on Democracy, Terrorism
and Security（デモクラシー，テロリズムおよびセキュリティに関する国際
サミット）のなかで，政治心理学のポスト，J. M. は，テロリズムのような
複雑な現象を理解するためには，個人レベルの影響を考えるだけでは不十分
であり，集団・組織・社会レベルの心理的影響を同時に考慮する必要があ
る，と指摘している（Post, 2005)。たしかに，「私はなぜ，この職に就いた
のだろうか」と考えてみると，そこには，個人の意思や欲求，願望だけでな
く，身近な人たちから受けた影響や，「こうあるべき」という価値観，他者
からどう見られるかという評価など，社会的な影響が少なからずあったはず
である。テロリストと呼ばれる人々も，全員がもとから残虐で冷酷なパーソ
ナリティを持っていたとは考えにくい。そこには，そうした過激な行動を行
うに至った，複雑な背景があるはずである。

　これらを踏まえると，テロ問題の解決に対して実験社会心理学に期待され
ている役割は，「なぜテロリズムが起こるのか」という問いに対して，個人

的要因と社会的背景の相互作用メカニズムを明らかにし，テロ行為に至るまでの複雑な背景の一端を解明すること，そして，それを対策に役立てることであると言えるだろう。

　この課題に取り組むうえで大きな助けとなるのは，長い歴史のなかで積み上げられてきた，集団間葛藤に関する研究の知見である。集団間葛藤は社会心理学の代表的なトピックであり，さまざまな観点から多くの研究が行われてきた。しかし，これらの研究は，戦争や紛争といった直接的な暴力の問題だけでなく，日常的レベルでも起こりうる特定の人たちに対するひいきや差別，偏見，抑圧といった間接的な暴力の問題まで，幅広い現象に応用できる理論の構築を目指すものである。それゆえに，テロリズムのような過激な攻撃行動を直接説明しようとすると，具体的に説明できない部分も出てきてしまう。

　それでは，テロリズムとくくられる行動の特殊性とは何だろうか。テロリズムの定義が多様で困難を極めることはさまざまな場所で語られており（Schmid, 2011），ここで簡単に定義できる問題ではない。それゆえ，本章では，その行為がときに己の命を懸けるほどの大きなリスクを伴う行為であること，そして，社会の変革を目的とした直接的かつ自発的な攻撃的行動であることに，注目したい。

　私たちは，何か不満なことがあったとしても，いきなり相手を攻撃するという手段を取ることは少ない。攻撃を行うためにかかるコスト，攻撃したときに相手から反撃されるリスク，攻撃を目撃した人たちからの非難や罰を考えれば，我慢することのほうが賢い選択だとも言える。はたして，そのような社会的なルールや規範，個人のリスクを超えてまで攻撃を表出してしまうほどの強い動機は，どのようにして生じるのだろうか。本章では，集団間葛藤研究のなかから，特に外集団に対する自発的な攻撃的行動を説明する理論を中心に紹介していく。

2. アイデンティティ・アプローチ

(1) 社会的アイデンティティ理論

　集団間葛藤では，「自分はこの集団の一員である」そして「相手は自分た
ちとは別の集団の一員である」という所属集団の認識が，重要な役割を果た
している。このような集団に関する自己認識の機能を説明したのが，社会的
アイデンティティ理論（Tajfel, 1978；Tajfel & Turner, 1979, 1986；Brown,
2000）である。

　自分が何者であるかを知ることは人間の基本的な欲求であり，これが確立
していないと，自分が何をすべきか，どう考えればよいのかわからず，混乱
した状態になってしまう。アイデンティティというのは，まさにこの「自分
が何者であるか」の認識である。

　アイデンティティには大きく分けて2つの側面があると考えられている。
たとえば，自己紹介をするとき，「私はまじめでシャイだ」といったように
個人の性質や属性を語ることもあれば，「私は日本人の女性だ」といったよ
うに社会的な属性を語ることもある。前者のように独自性のある自己の側面
を個人的アイデンティティ，後者のように社会的カテゴリーに関連する自己
の側面を社会的アイデンティティと呼び，この両方を使って自己を認識して
いる。私たちは生活するうえで必ず何かの集団や組織に所属していると言え
るが，それは単に，相互協力し効率を高めるためだけではなく，所属欲求を
満たし，個人に意味を与えることにもつながっているのである。

　さらに，自己を理解しようとするとき，所属感だけでなく，肯定感も重要
な要因となる。私たちはこの社会的アイデンティティに基づいて，自分たち
が所属する集団を「内集団」，それ以外の集団を「外集団」として区別する
が，同時に「内集団のほうが，より良い集団であると思いたい」という欲求
を持ちながら，外集団との比較を行う（Turner, 1975）。これが，結果的に集
団間葛藤の源となる認知や行動を引き起こす。たとえば，自分たちの集団に

有利な結果をもたらすよう偏った評価や行動をする「内集団バイアス」や，外集団のメンバーを均一にステレオタイプ化し，人間らしい存在と見なさなくなる「非人間化」という認知などである。

　タイラーとルイス（Tylor & Louis, 2003）は，テロリスト組織における社会的アイデンティティ[*1]の役割として，文化や政治体制の急激な変化により明確なアイデンティティを持てないでいる若者を引き付けることや，規範を内在化させ，組織の規範を個人の行動の枠組みとさせることを指摘している。とりわけ宗教的アイデンティティは，根本的な信念と価値観に基づいて構築され，神聖で永遠の世界観のなかに固定されているため，特に強力なアイデンティティであると言われている（Ysseldyk et al., 2010）。

(2) 社会的アイデンティティ理論の問題点と，外集団攻撃研究の課題

　このように，社会的アイデンティティ理論は，戦争やテロ行為を理解するための認知的枠組みとして，広く受け入れられてきた。しかし，後の研究で，内集団にとって有利な集団間の比較は，内集団を外集団よりも優遇することで達成が可能であり，必ずしも積極的に外集団をおとしめる必要はないことも明らかになってきた。

　たとえば，先に述べた内集団バイアスという現象は，絵画の好みのような些細な基準によって区別された集団であっても，人が内集団に対して外集団よりも多くの物質的報酬を分配しようとする傾向があることが，実験的に証明することで明らかにされた（Tajfel et al., 1971）。この結果から，人は本質

＊1　厳密には，タイラーとルイス（Tylor & Louis, 2003）は，「集合的アイデンティティ」の機能について説明している。社会的アイデンティティは，集団メンバーとの関係性から形成する自己と，集団への所属とメンバーシップそのものから定義する自己の2側面があり，「集合的アイデンティティ」は後者を指していることが多いと考えられる。しかし，ここでの機能は，「社会的アイデンティティ」として包括した概念を使っても説明できると考え，混乱を避ける目的で「社会的アイデンティティ」の語句を使用した。

的に内集団をひいきする傾向があり，それが集団間葛藤の原因になっていると考えたのである。

　しかし，「報酬」などの，人が手に入れたくなるような“正の資源”の分配ではなく，「不快なノイズ音」や「他の人がやりたがらない課題」などの，人ができるだけ避けたいと思う“負の資源”の分配では，同様の実験を行っても内集団をひいきする傾向が見られないこと，すなわち，外集団が内集団よりも損をするように分配する傾向は，ほとんど生じないことがわかったのである（Mummendey & Otten, 1998）。これは，ポジティブ・ネガティブ非対称性と呼ばれており，他の実験パラダイムを使った研究でも，外集団を害する行動は，内集団をひいきする行動ほど見られないことが確認されている（Halevy et al., 2008；Weisel & Böhm, 2015；Yamagishi & Mifune, 2009；de Dreu, 2010）。

　つまり，「内集団を好きだから」という動機に基づく行動と，「外集団が嫌いだから」という動機に基づく行動は，必ずしも同じメカニズムによって生じるわけではなく，外集団攻撃は社会的アイデンティティ以外の他の要因が関わっている可能性があると考えられる（Brewer, 1999）。この要因を明らかにすることが，外集団攻撃に関する実験社会心理学的研究の，現時点で最も大きな課題である。

　この問いに答えるための研究は，現在も進められている。社会的アイデンティティ理論からの派生としては，第2章「テロリズム発生における社会心理学的メカニズム」でも言及されているように，アイデンティティ融合という概念が挙げられるだろう（Swann et al., 2012；Swann & Buhrmester, 2015）。一方，社会的アイデンティティ理論とはまったく異なる観点から，外集団攻撃を説明する理論も多数存在する。ここからはその代表的なものとして，適応という観点から人の行動の心理的基盤を説明する「進化心理学的アプローチ」と，個人レベルから社会レベルまでマルチレベルな要因の相互影響過程を想定し，社会で集団単位の不平等な関係性が維持されるメカニズムを説明する「支配・階層的アプローチ」の，2つについて述べていきたい。

3.　進化心理学的アプローチ

(1)　偏狭な利他主義

　近年の集団レベルの攻撃行動に関する研究のなかでめざましい発展を遂げているのが，進化心理学的な観点から構築された仮説の検討である。チョイとボウルズ（Choi & Bowles, 2007）は，人が個人のコストをかけてでも内集団に協力したり外集団を攻撃したりするのは，内集団に対する協力性と外集団に対する攻撃性という 2 つの遺伝的・文化的特性が共進化したからであるという仮説を立て，これを「偏狭な利他主義（parochial altruism）」と呼んだ。

　どのような行動をとれば，何代にもわたって子孫を残していくことができるか（すなわち，適応的であるか）という観点から考えると，外集団に対する攻撃的な行動は，自分にも大きなコストがかかるうえに，死亡の危険性も高い。一方，集団の区別と関係なく，誰にでも協力する利他的な行動は，自分がコストをかけたにもかかわらず自分以外の人たちの子孫を残すことにもつながるため，他者からいいように利用されてしまう恐れがある。したがって，これらの行動をとるよりも，協力も攻撃もせず利己的にふるまうほうが，生き残って自分の子孫を残していく可能性が高くなると考えられる。

　しかし，集団間の対立が激しい環境下では，これは当てはまらない。頻繁に集団間対立が起こるような状況では，たとえ個人が利己的にふるまって得をしたとしても，外集団に負けてしまっては元も子もないため，内集団に協力して勝利するほうが相対的に重要である。よって，集団間葛藤時には，たとえ個人でコストを支払うことになったとしても，外集団に対して敵意的に，内集団のメンバーのみに対して利他的にふるまうことが適応的となる。その結果，内集団に対する協力性と外集団に対する攻撃性をともに備えた人々が生き残りやすくなり，この行動傾向が現在まで受け継がれてきていると考えられる。この仮説は，数理モデルやシミュレーションを使って実証さ

れ て い る（Bowles, 2009；Choi & Bowles, 2007；García & van den Bergh, 2011；Rusch, 2014）。

(2) ゲームによる実験社会心理学的検討

　最近では社会心理学者も，個人や集団の利得構造を変えて，さまざまな状況下で人がどのような行動を取るのかを実験的に検討している。そのうちのひとつとして，内集団への協力と外集団への攻撃が実際に生じるかどうかを検討するために開発された，報酬分配のゲームを紹介しよう。ハーベイら（Halevy et al., 2008）が作成した IPD-MD（Intergroup Prisoner's Dilemma Maximizing Difference）ゲームである。これは，チーム戦で行う 1 回限りの囚人のジレンマゲーム（Bornstein, 1992, 2003；Bornstein & Ben-Yossef, 1994）を改変し，内集団に協力するのか外集団に攻撃するのか，行動の意図を明確にしたものである。ゲームのルールを以下に示す。

【IPD-MD ゲームのルールと流れ】
　　① ゲーム（実験）は，3 人対 3 人のチーム戦である。
　　② 参加者は 1 人につき，10 トークン（以下，T）を与えられる。この
　　　 T は，1T＝1MU（money unit）の報酬金となる。
　　③ 参加者はこの T を，「プール W（Within）に投資する」か「プール
　　　 B（Between）に投資する」か「キープとして手元に残す」かを選択
　　　 しなければならない。10T を分割して，それぞれの選択肢に配分し
　　　 てもよい。
　　④「プール W」に投資した T は，他の 2 人がプール W に投資した T
　　　 と合算され，その T 分の MU がそのまま各メンバーに支払われる。
　　⑤「プール B」に投資した T は，他の 2 人がプール B に投資した T と
　　　 合算され，その T 分の MU がそのまま各メンバーに支払われる。同
　　　 時に，相手チームの各メンバーの手元から同額の MU が減らされる。
　　⑥「キープ」として手元に残した T は，2 倍の MU になる。

　実際の実験ではイスラエルシュケルが使われているが，ここではわかりや
すくするために，1MU＝30 円の日本円として説明した図を以下に示す（**図
3-1**）。なお，最終的な報酬額が 0 を下回らないように，全員に 1,000 円が
ボーナスとして支払われている。

　すべての T をキープして手元に残しておけば，10 T ×2 の 600 円が手に
入るので，報酬額はボーナスと合わせて 1600 円になる（①）。もし，チーム
の全員がプール W に全額を投資した場合，各メンバーに 30T 分の MU が支
払われるので，ボーナスと合わせて 1900 円を獲得することになる（②）。

　しかし，それと同時に，敵チームの全員がすべての T をプール B に投資

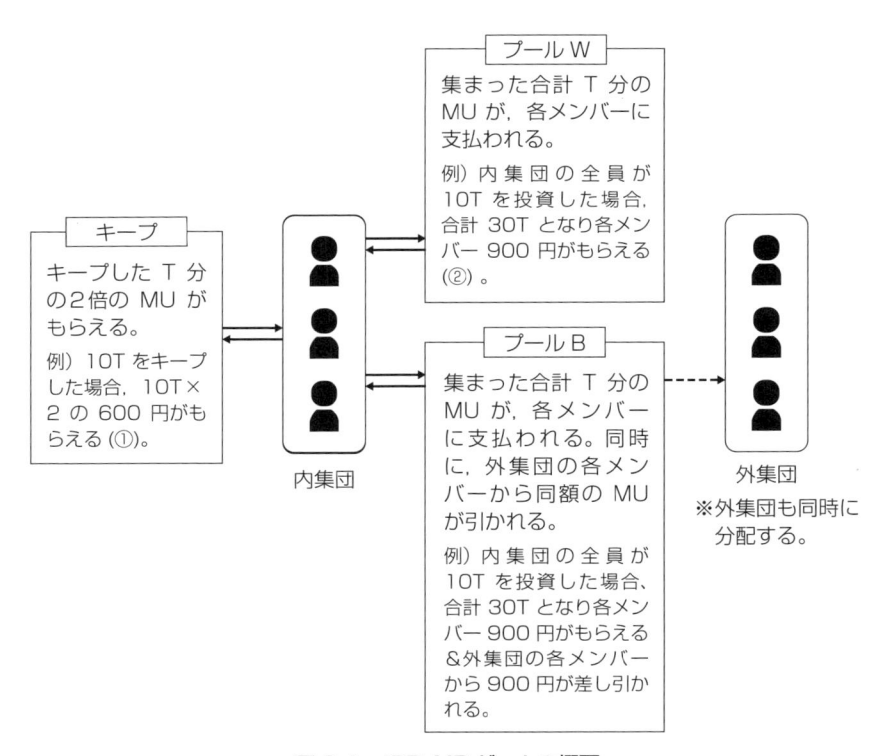

図 3-1　IPD-MD ゲームの概要

（Halevy et al., 2008 をもとに著者作成）

していた場合，30T 分の MU が自分の手元から引かれることになる。チームの全員がプール W に投資し，900 円を獲得していたとしても，敵チームがプール B に投資していた場合は，30T 分の 900 円が減らされてしまうので，最終的に利得はゼロとなり，ボーナスの 1,000 円のみが報酬額となる。

　内集団に協力することだけを目的とし，外集団に対して攻撃する意図がないのであれば，プール W への投資が増えるはずである。もし，内集団に協力する意図に加えて外集団を攻撃する意図があるのであれば，プール B への投資が増えるはずである。このようにして，集団間葛藤状況において内集団への協力と外集団への攻撃が同時に見られるかが検討された。

　ハーベイら（Halevy et al., 2008）は，140 名の男子大学生を対象に実験を行った。その結果（**図 3-2**），プール W への投資は全体の 47% だったのに対し，プール B への投資は 6% にも満たなかった。どのプールに投資するか決める際に 5 分間チーム内で話し合う機会を与えると，プール W への投資は 68% まで伸びたが，プール B への投資はさらに減少し，4% を下回った。この結果は，内集団協力と外集団攻撃が同時に生起していないことを示すものであり，偏狭な利他主義の仮説を支持するものではなかった。一方で，こ

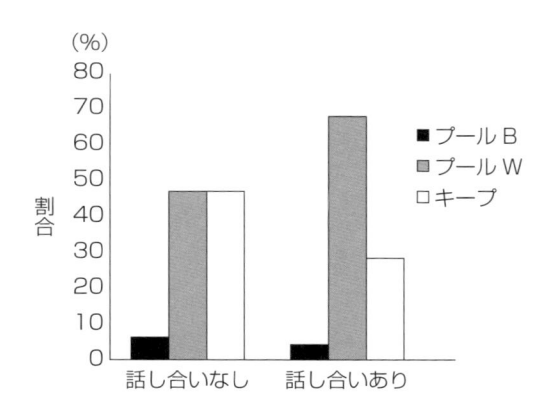

図 3-2　IPD-MD ゲームの結果

（Halevy et al., 2008 を著者一部改変）

の結果は，先ほど紹介したポジティブ・ネガティブ非対称性の実験結果と一致する。ゲームを使った実験でも，やはり人は外集団を積極的に害そうとする行動はとらないことが示されたのである。

　それでは，外集団攻撃は，どのような条件下で現れるのだろうか。近年では，外集団からの攻撃の予期，およびそれに付随する恐れの感情が，攻撃性を生み出すことが明らかになってきており，先制攻撃ゲーム（Simunovic et al., 2013）などを用いて検討が進んでいる。先制攻撃ゲームとは，その名のとおり，相手よりも先にコストを支払って攻撃するかを問われるゲームである。ゲームのルールと結果の概要を以下に示す。

【先制攻撃ゲームのルールと流れ】

- (1-1)　ゲーム（実験）は，1 人対 1 人で行われる。
- (1-2)　参加者には 1 人につき，1,500 円の元手が与えられる。
- (1-3)　参加者は，各人の前にあるボタンを押すかどうかを，決定しなければならない。ボタンを押すと 100 円を失うことになるが，相手に 1,000 円の損害を与えることができる。
- (1-4)　先に相手がボタンを押した場合，参加者は自分のボタンを押すことができなくなる。
- (1-5)　1 分以内にどちらもボタンを押さなければ，互いに 1,500 円を持って帰ることができる。

　ボタンを押す権利が両者にある場合と，参加者だけにある場合で，ボタンを押す割合に違いが出るかどうかが検討された。実験の結果，ボタンを押す権利が両者にある場合，32 名中 16 名（50％）が赤いボタンを押した。一方，ボタンを押す権利が参加者だけにある場合，ボタンを押したのは 26 名中 1 名のみだったという。

実験では，さらに以下のルールが追加され，2回目が行われた。

2-1 参加者は，「赤いボタンを押す」「青いボタンを押す」「どちらも
押さない」の，どれかを選択しなければならない。

2-2 「赤いボタン」を押すと，1回目と同じように100円を失うこと
になるが，相手に1,000円の損害を与えることができる。

2-3 「青いボタン」を押すと，両者の報酬がそれぞれ100円引き下げ
られるが，相手はそれ以上の攻撃ができなくなる。

　もし，参加者が相手の攻撃から身を守ることだけを考えているなら，この
ルールのもとでは青いボタンを押すはずである。
　実験の結果（**図3-3**），1回目にボタンを押した16名のうち，13名は青
いボタンを押すことを選んだ（残りの3名のうち，2名はどちらのボタンも
押さず，1名だけが赤いボタンを押した）。1回目にボタンを押さなかった
16名のうち4名がボタンを押すことを選択したが，全員青いボタンを押す
ことを選択した。

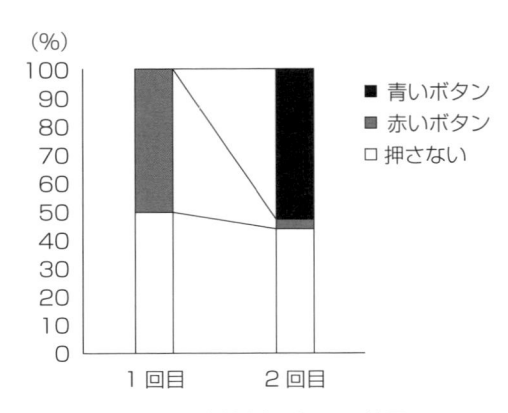

図3-3　先制攻撃ゲームの結果
（Simunovic et al., 2013 より両者ボタンを押せる条件のみを抜粋して作成）

　この先制攻撃ゲームの結果は，外集団攻撃の生起には，単に集団間葛藤状況に置かれることだけではなく，相手が攻撃してくるかもしれないという行動の予期が重要であることを示唆している。この脅威を取り除いてやることができれば，集団間葛藤状況でも，自発的な攻撃が生じる可能性は低くなるかもしれない。このように，ゲームを使うことで，状況設定を変えながら参加者のリアルな反応を検討することが可能となる。ゲーム理論は行動経済学や政治学などの広範囲な分野で活発な研究が行われており，今後も分野横断的な発展が期待される。

4.　支配・階層的アプローチ

（1）社会的支配理論

　集団間葛藤の問題は，進化心理学だけではなく，社会学や政治心理学といった領域との関連も強い。これらの分野の伝統的な理論から着想を得て，集団間の不平等な階層構造が社会で維持されるメカニズムを説明したのが，社会的支配理論（Social Dominace Theory）（Sidanius & Pratto, 1999）である。この理論の提唱者であるシダニアス（Sidanius J.）は長く人種差別の問題に取り組んでいたが，差別をする側と差別をされる側の間には，ほぼ確実に「支配する側と支配される側」という不平等な階層的関係があることに注目し，差別や偏見を解消するためには，この階層構造が作られ維持されるメカニズムを明らかにする必要があると考えたのである。

　社会的支配理論の特徴は，階層構造の維持に対して，個人，集団，社会からなるマルチレベルの相互影響過程を想定した点にある。まず，社会階層の維持に影響を及ぼす個人レベルの特性として提唱されているのが，社会的支配志向性（Social Dominance Orientation：SDO）（Pratto et al., 1994；Sidanius & Pratto, 2011）である。SDO は，人がどの程度集団間の不平等な階層構造を好むのかという個人の志向性を表している。調査や実験では，「人生で成功するためには，ときとして他の集団の人たちを踏み台にすることが必要

だ」「劣った人たちの集団は，自分たちの立場をわきまえるべきである」「集団間の平等を理想とすべきだ（逆転項目）」などの，16 項目の尺度によって測定される（Pratto et al., 1994）[*2]。この SDO は，人種や性別など，さまざまな対象に対する差別的態度や，死刑制度，社会福祉政策など，社会階層に関わる問題への政治的態度の有力な予測因であることがわかっている（Pratto et al., 1994；三船・横田，2018）。

　SDO の高さは性別や年齢によっても異なるが，通常，所属集団の地位が高いほど高くなるといわれている。すると，必然的に同じ志向性を持つ者と接触する機会が増える。周りの人々と同じ価値観を共有していくうちに，集合的なイデオロギー（正当化神話）が形成される。SDO が高い人たちの間では，階層の拡大を支持する階層拡大神話が，逆に SDO が低い人たちの間では，階層の縮小を支持する階層縮小神話が形成される。前者は人種主義や性差別主義，後者は平等主義や多文化主義などが挙げられる。

　ここで“神話”と名前がついているのは，このイデオロギーの内容が客観的に見て正しい考えかどうかは問題にしていないためである。このイデオロギーは，集団間の階層（もしくは平等）的構造に対して，道徳的で知的な正当化を与える役割を果たしている。そのため，このイデオロギーによって，人は自分の価値観を一般的で正しいものだと信じるようになる。さらに，このイデオロギーは，その意図に沿った社会制度や政策の支持に作用する。こうして，社会で階層的（または平等的）構造が固定・拡大していくのである（図 3-4）。

　これらの要因は相互に影響し合っているため，現在の不平等な状態を維

＊2　SDO について，この尺度（SDO₆尺度）では一因子構造を想定しているが，近年，支配的な集団間の階層関係への積極的な支持を示す SDO-D（集団支配志向性）と，集団間の平等に反対する姿勢を示す SDO-E（反平等主義志向性）の 2 因子構造を想定した，新しい尺度（SDO₇尺度）が開発されている（Ho et al., 2015）。これらの因子は一見同じもののように見えるが，SDO-D は外集団に対する露骨で直接的な差別的態度と関連する一方，SDO-E は，微妙なとらえがたい形の差別的態度と関連しているという点で異なっている。

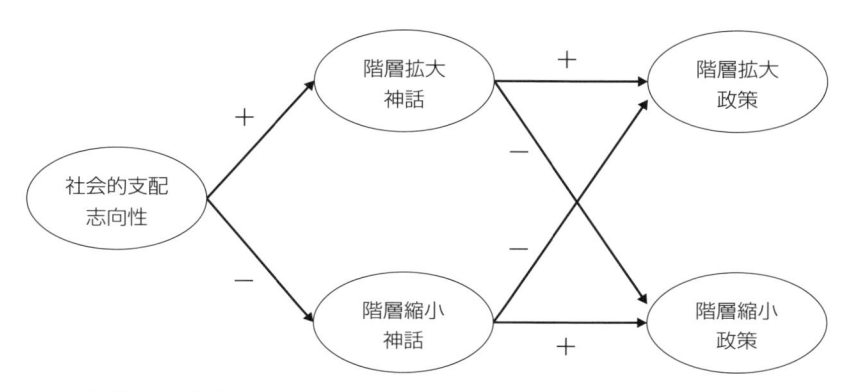

※＋は促進，－は抑制を表している。

図 3-4　社会的支配理論における要因同士の関係性

(Sidanius & Pratto, 1999)

持，強化したいという動機が原因となって，SDO が高くなることもある。

(2) テロリズムへの応用

　社会的支配理論は，テロリズムを直接説明するために生まれた理論ではないが，その応用範囲は広く，人々のテロリズムへの支持，または反テロのための暴力の支持を説明することも，可能であると考えられている（Sidanius & Pratto, 2011）。

　たとえば，2004 年に行われたレバノンの大学生を対象とした調査では，9.11 テロ事件に関して，テロ攻撃を正当なものだと評価している人が，テロの原因をどのようにとらえているかが検討された（Sidanius et al., 2004）。9.11 テロの原因としては，2 つの説が考えられる。1 つは，イスラムと西洋との間に起こった文明の衝突という説である。もう 1 つは，アメリカ人やイスラエル人の支配に対するアラブ・パレスチナの人々の反発という説である。分析の結果，テロ攻撃の正当性の認知と高く関連していたのは，文明の衝突ではなく，西洋に対する反支配への帰属であった。つまり，テロの原因を西洋の支配に対する反発であると考える人ほど，ワールドトレードセンターへの

攻撃を正当であると評価する傾向が高かったのである。これは社会的支配理論の考えと一致する結果であり，9.11同時多発テロ事件はイスラム教圏と西洋の間に横たわる文化による固有の問題ではなく，階層的な集団間関係を持つ社会に共通の問題であることを示唆している。

　また，SDOは，テロ攻撃に対する態度との間に関連があることも，複数の研究で示されている。レバノンや中東諸国の人々では，SDOが低いほど西洋に対するテロを支持する傾向が示されている（Henry et al., 2005）。これは，上記の研究と同じように，レバノンや中東諸国の人々にとっては階層を否定する反支配の気持ちが強いほど，テロ攻撃を支持することを表している。一方，西洋圏の人々を対象とした調査では，SDOが高いほど戦争や中東の反テロに対する暴力を支持する傾向が見られている（Crowson et al., 2006；Heaven et al., 2006；Henry et al., 2005；McFarland, 2005；Sidanius & Liu, 1992）。つまりSDOは，その人が置かれている立場によって，正反対の効果を持つということである。

(3) 外集団攻撃における正当化プロセス

　社会的支配理論において，外集団攻撃が社会的に正当なものと判断されるプロセスを提示していることは，本章で繰り返し述べている「実験場面では内集団ひいきは見られるが，外集団攻撃はほとんど見られない」という問題に対して，ひとつの回答を提供している。外集団攻撃は元来，社会的に望ましいものではないため，行動として表出する前に抑制がかかるが，攻撃が正当なものとして認められる（あるいは，認められると期待できる）場面では生じる，という可能性である。

　筆者らはこの仮説に基づき，大学生59名を対象に実験を行った（杉浦ら，2014）。実験では，「2つの大学の学生の集中力を比較する」という偽の教示のもと，参加者にアナグラム課題に取り組んでもらった。課題を行う際，参加者に対して着用したヘッドホンから作業を妨害する音を流すが，課題終了後に，翌日の実験で使用する妨害音の音量を，自分が聞いた音を0として－

50〜＋50 の範囲で参加者自身に決めてもらった。このとき，別の大学の実験参加者（外集団）の音量をどのくらい大きく設定するかによって，外集団攻撃を測定したのである。

　さらに，課題を行う前に 2 つの実験操作を行った。1 つは集団間地位である。これは，比較対象として提示する大学を変えることによって操作した[*3]。もう 1 つは，正当化する材料の有無である。高地位集団・低地位集団の各条件のうち，半数には地位に合致する内容の正当化イデオロギーを含む短い文章を，残りの半数には階層とはまったく関係のない短い文章を読んでもらった（統制条件）。つまり，高地位集団であり正当化イデオロギーのある条件とない条件，低地位集団であり正当化イデオロギーのある条件とない条件の 4 条件で，外集団攻撃の程度を比較した。

　その結果（**図 3-5**），高地位集団では，階層の拡大を支持するイデオロ

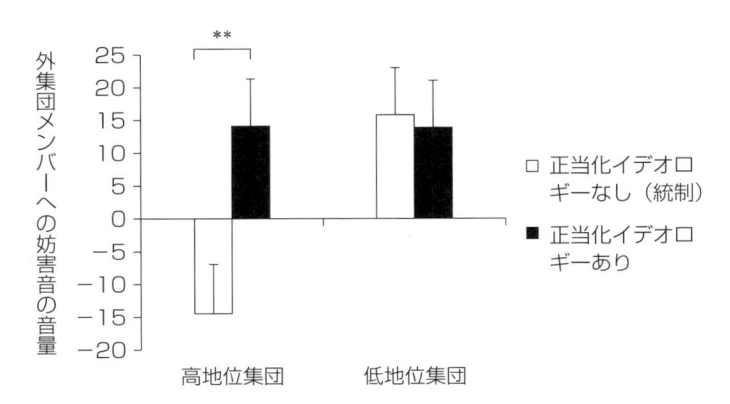

エラーバーは標準誤差，＊＊は 1％水準で有意であることを示している。

図 3-5　正当化イデオロギーの効果

(杉浦ら，2014)

＊3　別の研究（杉浦ら，2015）において，高地位集団では集団内地位が低いほど，低地位集団では集団内地位が高いほど，外集団メンバーの評価を低くする傾向が見られたため，杉浦ら（2014）では地位の操作に関して，高地位集団の低地位者，低地位集団の高地位者の 2 条件を設定していたが，正当化イデオロギーに関する仮説は集団間地位の影響のみで説明が可能であるため，ここでは省略している。

ギーを含む文章を読んだときに，外集団攻撃を行う傾向が見られた。これは，予測どおり，イデオロギーによって外集団攻撃が正当化されたときのみ攻撃が生じたことを表している。一方で，低地位集団では，階層の縮小を支持するイデオロギーのあり/なしにかかわらず，外集団攻撃が生じていた。正当化イデオロギーのない条件で外集団攻撃が生じたことは予想していなかった結果だが，これは低地位集団という不利な状況の認識そのものが，外集団攻撃を正当化する材料として機能したのではないかと考察している。

　社会的支配理論および上記の実験の結果は，外集団攻撃について，動機が生じるプロセスだけではなく攻撃が正当化されるプロセスも重要であること，そして，集団間の階層にまつわるイデオロギーが外集団攻撃の正当化の材料となりうることを示している。

　このように，個人レベルから社会レベルに至るまでマルチレベルの要因を扱うことにより，外集団攻撃が行動として目に見える形で現れるまでの流れを，一連のプロセスとして理解することを可能にする。これらの研究は，テロの複合的な要因を解明していくうえでの理論的枠組みとして，活用されることが期待できる。

5. まとめ

　本章では，社会心理学の領域において集団間葛藤をテーマとして扱う研究のなかから，テロ問題に関連する以下の3つの研究アプローチを中心に紹介した。

①　**アイデンティティ・アプローチ**――外集団への攻撃行動に対して，自己概念の観点から，その行動に至るまでの心理的過程の解明を試みるアプローチ。

②　**進化心理学的アプローチ**――進化の過程で獲得してきた心の仕組みから行動を説明し，ゲームを用いて実証を試みるアプローチ。

③ **階層・支配的アプローチ**——集団間の階層構造に注目し，攻撃が社会的に正当化されるプロセスを説明したアプローチ。

　既存の理論をトップダウン的に当てはめようとすると，現実社会では説明がつかないことも多い。特に，外集団に対する攻撃行動が実験室場面ではほとんど見られないという事実は，理論と現実の間にまだ大きなギャップがあることを浮き彫りにしたと言える。外集団に対してなぜコストもリスクも高い"攻撃"という手段が用いられるのか，この問いに対する直接的な答えを見つけることができれば，現在存在している集団間の攻撃行動を抑制するだけでなく，潜在的な集団間葛藤のリスクを減らすことにもつながるだろう。本章で紹介したアプローチとそれに関連する研究は，この問いに対する大きな示唆を含んでいると言える。

　また，ここでは紹介しきれなかったが，外集団に対する攻撃行動を説明する理論はこれだけに留まらない。たとえば，死の不可避性の脅威による防衛的な反応に着目した存在脅威管理理論（Solomon et al., 1991）も，個人と社会の相互影響過程を理解するうえで重要な視点を提供している。これらの理論はどれが正しいというものではない。状況によってどのような理論的説明が最も適しているのかをまとめていくことも，研究の応用性を高めることに役立つだろう。

　最後に，2点の展望について述べる。1つは，集団内の構造的側面への注目である。集団のメンバーと一言にいっても，集団を先導するリーダー，攻撃をする実行犯，傍観者，支援者など，さまざまな立場が存在する。それぞれの視点から攻撃のメカニズムを探っていくことも有益だと考えられる。もう1つは，外集団攻撃を防止するための応用的研究である。外集団攻撃の心理メカニズムを明らかにすることは重要課題だが，同時に，どのような説得や交渉が効果的なのか，どのような外部からの介入が有効であるのかを探ることも，問題の解決に大きく貢献するに違いない。前者は産業・組織や経営管理の分野と，後者はテロ対策の実務家と連携することによって，さらなる

進展が期待される。

【文 献】

Bornstein, G. (1992) The free-rider problem in intergroup conflicts over step-level and continuous public goods. *Journal of Personality and Social Psychology*, **62**(4), 597-606.

Bornstein, G. (2003) Intergroup conflict : Individual, group, and collective interests. *Personality and Social Psychology Review*, **7**(2), 129-145.

Bornstein, G. & Ben-Yossef, M. (1994) Cooperation in inter-group and single-group social dilemmas. *Journal of Experimental Social Psychology*, **30**, 52-67.

Bowles, S. (2009) *Microeconomics : Behavior, institutions, and evolution*. Princeton University Press. (塩沢由典・磯谷明徳・植村博恭訳〈2013〉制度と進化のミクロ経済学. NTT 出版)

Brewer, M. B. (1999) The psychology of prejudice : Ingroup love and outgroup hate? *Journal of Social Issues*, **55**(3), 429-444.

Brown, R. (1988) *Group processes : Dynamics within and between groups*, Basil Blackwell. (黒川正流・橋口捷久・坂田桐子訳〈1993〉グループ・プロセス――集団内行動と集団間行動. 北大路書房)

Brown, R. (2000) Social identity theory : Past achievements, current problems and future challenges. *European Journal of Social Psychology*, **30**(6), 745-778.

Choi, J. K. & Bowles, S. (2007) The coevolution of parochial altruism and war. *Science*, **318**(5850), 636-640.

Crowson, H. M., Debacker, T. K., & Thoma, S. J. (2006) The role of authoritarianism, perceived threat, and need for closure or structure in predicting post-9/11 attitudes and beliefs. *The Journal of Social Psychology*, **146**(6), 733-750.

de Dreu, C. K. (2010) Social value orientation moderates ingroup love but not outgroup hate in competitive intergroup conflict. *Group Processes & Intergroup Relations*, **13**(6), 701-713.

García, J. & van den Bergh, J. C. (2011) Evolution of parochial altruism by multilevel selection. *Evolution and Human Behavior*, **32**(4), 277-287.

Halevy, N., Bornstein, G., & Sagiv, L. (2008) "In-group love" and "out-group hate" as motives for individual participation in intergroup conflict : A new game paradigm. *Psychological Science*, **19**(4), 405-411.

Heaven, P. C., Organ, L. A., Supavadeeprasit, S., & Leeson, P. (2006) War and prejudice: A study of social values, right-wing authoritarianism, and social dominance orientation. *Personality and Individual Differences*, **40**(3), 599-608.

Henry, P. J., Sidanius, J., Levin, S., & Pratto, F. (2005) Social dominance orientation, authoritarianism, and support for intergroup violence between the Middle East and

America. *Political Psychology*, **26**(4), 569-584.

Ho, A. K., Sidanius, J., Kteily, N., Sheehy-Skeffington, J., Pratto, F., Henkel, K. E., et al. (2015) The nature of social dominance orientation : Theorizing and measuring preferences for intergroup inequality using the new SDO_7 scale. *Journal of Personality and Social Psychology*, **109**(6), 1003.

McFarland, S. G. (2005) On the eve of war: Authoritarianism, social dominance, and American students' attitudes toward attacking Iraq. *Personality and Social Psychology Bulletin*, **31**(3), 360-367.

三船恒裕・横田晋大 (2018) 社会的支配志向性と外国人に対する政治的・差別的態度——日本人サンプルを用いた相関研究. 社会心理学研究, **34**(2), 94-101.

Mummendey, A. & Otten, S. (1998) Positive-negative asymmetry in social discrimination. *European Review of Social Psychology*, **9**(1), 107-143.

Post, J. M. (2005) The psychological roots of terrorism. In *Addressing the causes of terrorism: The Club de Madrid series on democracy and terrorism*. Club de Madrid, pp.7-12.

Pratto, F., Sidanius, J., & Levin, S. (2006) Social dominance theory and the dynamics of intergroup relations : Taking stock and looking forward. *European Review of Social Psychology*, **17**(1), 271-320.

Pratto, F., Sidanius, J., Stallworth, L. M., & Malle, B. F. (1994) Social dominance orientation : A personality variable predicting social and political attitudes. *Journal of Personality and Social Psychology*, **67**(4), 741.

Rusch, H. (2014) The evolutionary interplay of intergroup conflict and altruism in humans : A review of parochial altruism theory and prospects for its extension. *Proceedings of the Royal Society B: Biological Sciences*, **281**(1794), 20141539.

Schmid, A. P. (Ed.) (2011) *The Routledge handbook of terrorism research*. Routledge.

Sidanius, J., Henry, P. J., Pratto, F., & Levin, S. (2004) Arab attributions for the attack on America : The case of Lebanese subelites. *Journal of Cross-Cultural Psychology*, **35**(4), 403-416.

Sidanius, J. & Liu, J. H. (1992) The Gulf War and the Rodney King beating : Implications of the general conservatism and social dominance perspectives. *The Journal of Social Psychology*, **132**(6), 685-700.

Sidanius, J. & Pratto, F. (1999) *Social dominance: An intergroup theory of social hierarchy and oppression*. Cambridge University Press.

Sidanius, J. & Pratto, F. (2011) Social dominance theory. In P. A. M. Van Lange, A. W. Kruglanski & E. T. Higgins (Eds.), *Handbook of theories of social psychology*. Vol.2. SAGE Publications, pp.418-438.

Simunovic, D., Mifune, N., & Yamagishi, T. (2013) Preemptive strike : An experimental study of fear-based aggression. *Journal of Experimental Social Psychology*, **49**(6),

1120-1123.

Solomon, S., Greenberg, J., & Pyszczynski, T. (1991) A terror management theory of social behavior: The psychological functions of self-esteem and cultural worldviews. In M. P. Zanna (Ed.), *Advances in experimental social psychology, 24*. Academic Press, pp.93-159.

杉浦仁美・坂田桐子・清水裕士 (2015) 集団間と集団内の地位が内・外集団の評価に及ぼす影響——集団間関係の調整効果に着目して. 実験社会心理学研究, **54**(2), 101-111.

杉浦仁美・清水裕士・坂田桐子 (2014) 外集団攻撃に対する正当化イデオロギーの効果. 日本社会心理学会第 55 回大会論文集, p.30.

Swann Jr, W. B. & Buhrmester, M. D. (2015) Identity fusion. *Current Directions in Psychological Science*, **24**(1), 52-57.

Swann Jr, W. B., Jetten, J., Gómez, Á., Whitehouse, H., & Bastian, B. (2012) When group membership gets personal : A theory of identity fusion. *Psychological Review*, **119**(3), 441-456.

Tajfel, H. (Ed.) (1978) *Differentiation between social groups : Studies in the social psychology of intergroup relations*. Academic Press.

Tajfel, H., Billig, M. G., Bundy, R. P., & Flament, C. (1971) Social categorization and intergroup behavior. *European Journal of Social Psychology*, **1**, 149-178.

Tajfel, H. & Turner, J. C. (1979) An integrative theory of intergroup conflict. In W. G. Austin & S. Worchel (Eds.), *The social psychology of intergroup relations*. Brooks Cole, pp.33-47.

Tajfel, H. & Turner, J. C. (1986) The social identity theory of inter-group behavior. In S. Worchel & W. G. Austin (Eds.), *Psychology of intergroup relations*. Nelson-Hall, pp.7-24.

Turner, J. C. (1975) Social comparison and social identity : Some prospects for intergroup behavior. *European Journal of Social Psychology*, **5**(1), 1-34.

Tylor, D. M. & Louis, W. (2003) Terrorism and the quest for identity. In F. M. Moghaddam & A. J. Marsella (Eds.) (2004) *Understanding terrorism: Psychosocial roots, consequences, and interventions*. American Psychological Association, pp.169-187. (釘原直樹監訳〈2008〉テロリズムを理解する——社会心理学からのアプローチ. ナカニシヤ出版)

Weisel, O. & Böhm, R. (2015) "Ingroup love" and "outgroup hate" in intergroup conflict between natural groups. *Journal of Experimental Social Psychology*, **60**, 110-120.

Yamagishi, T. & Mifune, N. (2009) Social exchange and solidarity : In-group love or out-group hate? *Evolution and Human Behavior*, **30**(4), 229-237.

Ysseldyk, R., Matheson, K., & Anisman, H. (2010) Religiosity as identity : Toward an understanding of religion from a social identity perspective. *Personality and Social Psychology Review*, **14**(1), 60-71.

第4章

集団の光と影

［釘原直樹］

　人々はなぜ集団を形成し，そしてそれに所属しようとするのであろうか。それは，集団が個人の生存にとって役に立つからである。人間は社会的動物とも言われているとおり，社会や集団のなかで生きている。それでは，集団はどのような面で役に立つのだろうか。その第一は愛情や親密さを求める欲求を満たしてくれることである。特に家族や友人との情緒的関係，サポート関係は重要である。これが欠けると生きていくうえでの well being が損なわれる。第二は，集団の力は大きく，人間一人ではできないことが可能になることである。第三は，自分や世界を理解するための枠組みを与えてくれることである（Festinger, 1954）。第四は，アイデンティティ確立に貢献することにある。人は個人としてのアイデンティティと社会的アイデンティティの両方を持っている。パニックや暴動やテロのような緊急事態では，個人としてのアイデンティティが背後に退き，集団としてのアイデンティティが顕在化する（Reicher & Levine, 1994）。そのようなとき，人々は自分自身を集団と同一視して，集団の価値や規範を自分のそれとして取り込むのである。

　このように，人が生きるうえで集団は必要不可欠なものであるが，集団も，たとえば科学技術がそうであるように，諸刃の剣，光と影の部分がある。テロ集団も，テロリストにとっては上記の内容と同じような意味で役立っていると考えられる。テロ集団はテロリストに，温かい人間関係を味わ

わせてくれる場所になっているかもしれない。また，テロリスト一人では無力でも，集団になれば9.11同時多発テロのような大きな事件を起こすことができる。さらにテロ集団の教義は，テロリストに生きる意味を与えてくれるかもしれない。そしてテロ集団は，アイデンティティの確立が不十分な若者に，神に仕えるテロリストとしての確固としたアイデンティティを与えてくれるかもしれない。

　上述ように，集団は反社会的存在に対しても有用性が高いのである。特にテロやパニックやジェノサイドのような異常事態では，集団のネガティブな側面（悪）が顕在化すると考えられてきた。しかし最近の研究によれば，異常事態においても，物理的条件や人間関係の違いによって集団の悪が顕在化することもあれば，逆に悪が抑制され善が実行されることも明らかになってきた。また，ナチスのような加害者集団のなかにも，犠牲者（ユダヤ人）を助ける者もいたということである。一方，犠牲者のなかにも，仲間や一般市民を裏切ったり，反社会的行動をする者もいたという。このように善と悪，光と影の間に明確な線引きをすることは難しい面がある。

　本章では第一にジェノサイド，第二にパニック事態，第三に緊急時の援助事態を取り上げ，加害者や被害者や第三者の行動について検討する。それはテロに係る集団の光と影についての理解の一助となるものと思われる。

1.　ジェノサイド

（1）ジェノサイドの実行者

　ジェノサイドは人間が犯す最悪の行動であり，悪という言葉が最も当てはまる現象である。ジェノサイドをもたらした悪人の典型例はヒトラー，スターリン，ポルポトなどであり，何百何千万という無辜の人（善人）を死に追いやった。これは悪と善の対比を明確に示しているように思える。しかし歴史学的心理学的研究は，ジェノサイドがそのような単純なものではないことを明らかにしている。たとえば，傍観者の暗黙の支持や沈黙が，残虐行為

を容易にしていたのである。1963 年のハンナ・アーレント（Arendt, H.）の著書である『エルサレムのアイヒマン——悪の陳腐さについての報告』の出版と，ミルグラム（Milgram, 1974）の有名な服従実験をきっかけに，普通の人が残虐行為を行う心理プロセスが明らかになった。また，悪であろうはずの加害者集団のなかに英雄的救援者がいたこともわかってきた。一方，犠牲者集団のなかには，他者の死と引き換えに，自分や自分にとって大切な人が生き残るために加害者に協力することもあったという。このように，加害者と犠牲者そして第三者の区別は明確ではなく，善悪の線引きも難しい面がある。現実には絶対的な善や悪は存在しない。

(2) 加害者のイメージ

　しかし，ワラー（Waller, 2001）は，人はジェノサイドを極悪人によって行われたものと思いたい傾向があることを指摘している。それは，自分たちがそれとは無関係であると思いたいからである。善と悪は対極にあり，自分たちは善の側にいると考える傾向がある（Baumeister, 1997）。このような考え方の延長上に，悪に対する暴力の正当化がある。

　戦時には敵の悪が誇張される。プロパガンダを通して“モンスター”とか“悪魔の手先”といった表現がなされる。戦時中，日本では米国や英国のことを“鬼畜米英”と呼び，米国では日本人のことを“黄色いサル”と称して，互いを動物や悪魔に例えた。これが暴力的対応にお墨付きを与えることになった。

　9.11 同時多発テロ後の米国では，ブッシュ元大統領は「テロとの戦い」や「善と悪」という言葉を繰り返し使用した。オバマ前大統領もノーベル賞受賞時のスピーチで，「米国民への脅威に対して，手をこまねいてることはできない。世界に邪悪は存在する。非暴力の運動では，ヒトラーの軍隊をとめることはできなかっただろう。交渉では，アル・カーイダの指導者たちに武器を置かせることはできない。武力行使がときに必要だと言うことは，冷笑的な態度をとることではない。それは人間の不完全さと，理性の限界という

歴史を認めることだ」（『朝日新聞』2009 年 12 月 11 日夕刊）と述べている。

　加害者に対する悪という言葉の使用は，その後の対応や和解に影響する。永遠の悪，絶対悪との和解や妥協は不可能であり，ある集団を悪と決めつけることは，集団間葛藤の解決に暴力的対応行動を促す。悪を処理する最上の方法は，暴力ということになる（Dawes, 2014）。このように善や悪のラベルを使用することは，暴力を正当化し，他の政治的対応を困難にしてしまう面がある。しかしながら，人は一般的に敵対対象である個人や集団の行動背景を状況によって説明することを好まない傾向がある。状況に注目すれば，加害者の罪を問うことができなくなってしまうからである（Miller, 2014）。

　加害者のなかにも，一部の犠牲者を助ける者もいる（Campbell, 2010）。このようなことが，善と悪の区別をわかりにくくする。1994 年に発生したアフリカのルワンダのジェノサイドでは，フツ族の加害者は顔見知りのツチ族の犠牲者や家族を助けているケースがあった（Mamdani, 2001）。このように日常的な，あるいは過去における人間的つながりがあるときには，殺戮が抑止される場合がある。一方，1998〜99 年にかけて起きたコソボ紛争では，隣人やその家族の殺戮の例も枚挙に暇がない（Hilberg, 1993）。そのため，人間的なつながりの有無のみで善行を説明することは難しい。それどころか，面識がない人を助けたという例もある（Browning, 1992）。いずれにしても，加害者がいつも悪とは限らないことは確かである。

（3）ジェノサイドにおける第三者

　ジェノサイドにおいて重要な立場にいるのが，第三者（傍観者）である。虐殺が行われているときの無反応や受容的態度は加害者を勇気づけ，自分たちの行為が受け入れられたと錯覚させてしまう（Staub, 1989）。ここには多元的無知（Newman, 2002）が働いている可能性がある。すなわち，自分は虐殺には反対であるが，多くの人はそれを黙って見ているので，多くの人はそれを良しとしているだろうと思って行動しないかもしれない。

① 外部の第三者

　第三者には，加害者や被害者とは直接の関係がない外部の第三者と，両者と何らかの関係がある内部の第三者がある。一般に外部の第三者の場合，犠牲者が増えるほど無関心になり，同情心も薄れてくるということである（Cameron, & Payne, 2011）。それは，悲惨な出来事を直視し続けることの耐え難さから身を守ること（自己防衛的動機）に由来するのかもしれない。

　一方，外的第三者の向社会的行動を促す要因のひとつは，内集団の犠牲の歴史と現在発生しているジェノサイドの類似性を認識したときである。米国のユダヤ人のコミュニティは，「ダルフール*1を助けよう」というキャンペーンを熱心に行った。この背景には，ホロコーストのユダヤ人と似たような苦難のなかにいる集団を助けることが，道徳的義務と見なしていたことが考えられる（Vollhardt, 2012）。一方，イスラエルと対立関係にあるパレスチナの犠牲者に対しては，そうはならなかった（Warner et al., 2014）。ここにも善と悪の偏りがある。

② 内部の第三者

　内部の第三者の善行を促す要因のひとつは，先述したように個人的に面識があることである。以前からの知り合いに助けを求められた場合，それを断ることは難しい面がある（Hovannisian, 1992）。そして，集団規範や内集団アイデンティティが果たす役割が大きいことも明らかにされている（Reicher et al., 2006）。たとえば，第三者と被害者が社会的アイデンティティを共有して

＊1　アフリカのスーダン西部地域のダルフールにおける紛争は，2003 年以降の武力紛争によって今日まで 20 万人以上が死亡し，200 万人以上が難民，国内避難民になったと言われる。政府系の民兵組織が一般住民に対する暴虐行為を働くようになったことに対抗して，2003 年 2 月に反政府勢力による政府施設への攻撃が始まった。これを受けて政府軍がダルフール地方に展開した。2004 年 10 月には，国連安保理の要請で国連調査委員会が設立され，ジェノサイド行為の有無などが調査されることになった。調査結果によれば，政府軍と政府系の民兵組織が，「市民の殺害，拷問，強制失踪，村落破壊，レイプおよびそのほかの性的暴行，無差別的攻撃，略奪，強制移住」を行っていることが明らかになった。そして，それはジェノサイドに匹敵する深刻度であると認定した（篠田, 2008）。

いる場合である（Lidegaard, 2013）。ポーランドではユダヤ人の人口の90％前後，オランダでは75％ぐらいの人々が犠牲になったと言われている。一方，デンマークでは，ホロコーストの犠牲になったのは1％以下であったということである。これは，デンマークの政治体制や王が，ナチスからある程度自律性を保っていたことによる（Dawidowicz, 1986）。国内の全市民は民主的な国家の一員である，というアイデンティティを維持し続けたのである。そして，ユダヤ人を中立国のスウェーデンに逃がすために積極的に行動した。ただし，デンマーク人はどのような人，どのような民族でも助けたのではない。民主主義の価値観を共有しない人々は，保護の対象にならなかった。君主制に反対し，独ソ不可侵条約に賛成していたデンマーク人の社会主義者は，拘禁され強制収容所に送られた。デンマークではユダヤ人は内集団の一員であるが，社会主義者は価値を共有しない外集団と見なされ，保護の対象にならなかったのである。

③ 第三者の曖昧さ

また，犠牲者を助けることが，必ずしもヒューマニズムや利他的動機に由来しているとは限らないこともある（Reicher et al., 2006）。隠れていたユダヤ人からの金品の強奪，ゆすりが，ポーランドでは行われていたという（Ringelblum, 1976）。また，助けた犠牲者を結局はだましたり，一部の犠牲者は助けたが他は警察に届けたり，場合によっては殺したりした（Campbell, 2010）ケースもあったという。ゆえに善と悪は第三者でも曖昧なところがあり，第三者がときには加害者に変身することもあった。

（4）ジェノサイドの犠牲者とテロリストの心理

犠牲者に関しては悪の要素がまったくないようにも思えるが，そうとも言い切れない。ジェノサイドの犠牲者は，加害者の暴虐にまったく無抵抗であるようなイメージがあるが，そうではない。特に，生き残れないという絶望感が，レジスタンスや収容所内の反乱を活性化させると言われている。これは，ある程度の希望や楽観視がレジスタンスに必要という直感に反する。生

存の希望があれば，危険に身をさらすような反乱には加担しようとは思わないのかもしれない。絶望しかなければ，死を賭して戦うことによって，自分の尊厳を守り抜こうとするのである。そのため，ナチスはユダヤ人の絶滅計画を，なるべく秘匿しようとしたのである（Einwohner, 2009）。

　ヴィクトール・フランクル（Frankl, V.E.）の『夜と霧』という本がある。そのなかで，強制収容所における監視兵や，カポー（ユダヤ人のなかから選ばれた監視人）のサディスティックな行動と，監視されるユダヤ人の卑屈な服従行為が描かれている。この現象は，1971 年に行われた監獄実験（Zimbardo, 2007）の結果と一致する。この実験では，一般の大学生がランダムに看守役と囚人役に割り振られ，心理学実験室に作られた模擬監獄で数日を過ごすようなプログラムが組まれた。時間が経過するしたがって，看守役の実験参加者は次第に看守らしい振る舞い（場合によってはサディスティックな暴力の行使）をするようになり，囚人役は主体性を失い，卑屈になり，命令に一方的に従うようになったということである。この実験は，このような極限状況でのサディズムや主体性の喪失が，生来のパーソナリティに由来するものではなく，状況が形成することを示している。

　『夜と霧』では，クリスマスや新年に，収容者の死者が異常に多くなることも明らかにしている。このような過酷な状況でも生に執着するのは，未来に対するわずかな希望である。収容者はクリスマスの日までには，あるいは新年までには戦争が終結して解放されることを夢見て，そのことを自分の運命として予言しているのである。その区切りの日までは必死で生きるのである。しかし，その予言が外れたときタガが外れてしまう。人間は苦悩には強く，場合によっては苦悩を楽しんだりする。しかしそれは，未来を信じることができるからであり，未来が信じられなくなれば生に対する欲求も急速に失われる。これが死を賭しての反乱か，逆にあきらめによる受動的な死につながっているのかもしれない。また，これはテロリストの心理にも関連しているように思われる。一般の青年がテロリストになるひとつの原因は，日常の生活における未来への希望の喪失に由来するとも考えられる。

　レジスタンスにも影の部分がある。一般市民に対する盗みや殺害，ドイツ軍や対立するレジスタンス集団に対する暴力行為があった（Tec, 1993）。また，収容所の中でも，自分の生存のために美徳に反する行為（暴力，盗み，友人に対する裏切りなど）があったことを，フランクルは認めている。フランクルは「我々はいくつもの奇跡に恵まれ，運よく生き延びた。しかし，最も善良な人々は帰ってこなかった」と述べている。

2.　パニック事態

(1) パニック事態の一般的イメージ

　災害や事故が発生し，生命や財産が危機にさらされたときにパニックが発生し，集団の影の部分が顕在化するというイメージがある。しかし，これは事実とは限らない。数多くのパニック映画が作成されている。そのなかでは，日頃の社会構造（家族や友人の絆，長幼の序など）やルールは崩壊してしまうこと，そして，自己中心的になり，理性を失い，死に向かってダイビングしたり，略奪，暴動などの反社会的行動をする人々の姿が描かれている。

① 9.11 同時多発テロ

　しかし，実証的研究の多くが，人は緊急事態では人間関係や社会規範に基づいた向社会的行動をすることを示している。米国で起きた9.11同時多発テロのときに，崩落した高層ビルのワールド・トレードセンター内での人々の避難行動を調べた研究（Proulx & Fahy, 2003）によれば，ビル内いた何千人もの人が，混雑した階段を整然と順番を守って避難したということであった。そして大多数の人はパニックになったわけでもなく，自己中心的行動をしたわけでもなかった。自分たちが生命の危機にあることがわかっていながら冷静であり，そして互いに協力しながら行動したというのである。消防士が階段を上がってくるときは，隅によけたり，怪我をしている人や気を失っている人を助けたりした。また，人が通れるようにドアを押さえ，そして

人々を誘導するためにビル内に居残った人さえいたということである。

② ロンドン同時爆破テロ

　また，2005年7月7日に発生したロンドン同時爆破テロでは，多くの人が暗く，煙が充満し，死体が横たわっている地下鉄に閉じ込められた。人々はこれからどうなるのか（まだ爆弾が破裂するのか，火災がもっとひどくなるのかなど）わからなかった（Drury et al., 2009）。救援についての情報交換もなかった。人々は自分たちが死に直面していることを実感していた。調査対象となった140人の証言によれば，他者を押しのけたり自己中心的な行動はほとんどなく，助け合いや同情が随所で見られたという。人々は水を分け合い，流血している人の手当てをしたり，励ましたりした。そこには一体感，共感，同情，温かさ，親密性が生まれている。これは忙しい日常の電車内で見られる，疎外感，不快感とは異なるものであったという。ドゥルーリーら（Drury et al., 2009）はこれを，社会的アイデンティティの共有で説明できるとしている。

(2) パニック事態の予測要因

　このように，数多くの実証研究の結果明らかになったことは，パニックは滅多に起きないということであった。それにもかかわらず，今でも行政当局はパニックの発生を予見し，マスコミは人々の行動をパニックと結びつけて報道する傾向がある。そして，人々の多くもそのようなイメージを持っている。

① 確証バイアス

　その理由のひとつとして，認知バイアスが考えられる。たとえば，人は見たいものを見る傾向がある。パニックが起きると思い込んでいればそのように見えるのである（Myers, 2008）。人は自分の先入観を強化するような情報を探し，また解釈する。これを確証バイアスと呼ぶ。このバイアスは，信念や感情がからんだ問題について特に顕著に表れる。パニックのように，明確に定義されていない事象（恐怖のような情動と混同されている）について

は，自分の信念に合致した都合の良い事実はいくらでも集めることができる。また，事実を自分に都合が良いように解釈し，自分が好む出来事だけを記憶し，想起することもできる。その結果，自分の信念はますます強固なものになり，ときには誤った信念に固執したりすることになる。災害が発生するとマスコミは特に被害が大きかった地域について集中的に報道する。人々のわずかの混乱でも大々的に報道する。このようなことが，パニックイメージの定着に拍車をかけていると思われる。

② 利用可能性バイアス

　そして，ある事象が出現する頻度や確率を判断するときに，入手しやすく想起しやすい情報をもとに推定する，利用可能性バイアスというものがある。たとえば，航空機事故は自動車事故に比べて発生確率は比較できないほど低いが，その危険性は過大視されている。通常の社会的に望ましい緊急時の行動は普通の行動であり，一方，パニックは異常な行動であるために記憶に残りやすい。パラドックスではあるが，パニックは滅多に起きないために，それがよく起きると誤解されるのである。

(3) 船舶沈没事故におけるパニック事態

① タイタニック号沈没事故

　ここで，パニック映画の定番であるタイタニック号の沈没事故に関する研究（Frey et al., 2001）を取り上げ，集団の光と影について見てみることにする。タイタニック号は 1912 年 4 月 14 日氷山に衝突して沈没した。沈没までの時間は 2 時間 40 分であった。乗客乗員合わせて 2,207 名の 68%，1,501 名が死亡した。この事件は何度も映画化され，近年ではジェームズ・キャメロン監督で主演がレオナルド・デカプリオのものが有名である。この研究のデータは主として The Encyclopedia Titanica（2008）からのものであるが，その他のデータソースと照合している。この研究で解明を試みたのは，①体力（男性や壮年期の人）や社会的地位（1 等室，2 等室の客）は生存率を高めたのか，②社会的規範（女性や子どもを優先する）はどうだったのか，な

どであった。

② ルシタニア号沈没事故

　比較のために，ルシタニア号の沈没事故の分析も行われている。ルシタニア号はタイタニック号沈没事故の3年後（1915年5月7日），ドイツの潜水艦によって撃沈された。生存者は1,313名であった。ルシタニア号は攻撃後18分という短時間で沈没した。戦時中であったので，新聞には「英国旗を掲げた船舶は敵国の攻撃の対象となるので，乗客はそのリスクを甘受すべき」という記事などが掲載されていた。しかし，一方ではルシタニア号の安全性は高いと思われていた。その理由として，敵の魚雷よりスピードが速いこと，戦艦ではなく客船であること，中立国の米国人が多数乗船していることなどであった。戦時法は商業船に対する警告無しの攻撃は禁じているが，ルシタニア号の場合には攻撃前の警告はなかった。

③ 両事故の比較

　タイタニック号とルシタニア号の乗客の年齢や数，男女比などはほとんど同じであった。タイタニック号の生存者の割合は次のとおりであった。全体（32%），女性（72%），男性（21%），女性の子ども連れ（95%），1等船室客（62%），2等船室客（40%），3等船室客（25%）。一方，ルシタニア号の場合は次のとおりであった。全体（33%），女性（28%），男性（34%），1等船室客（19%），2等船室客（30%），3等船室客（33%）。

　タイタニック号のデータに関するロジスティック回帰分析の結果，生存率に関し，①女性が男性より53%高い，1等船室乗客は3等船室乗客より40%高い，②2等船室乗客は3等船室乗客より16%高い，③子ども連れの女性は男性より65%，子ども連れでない女性より19%高いことが明らかになった。それに対してルシタニア号の場合は，女性や1等船室乗客の生存率は全体の生存率よりも低かった。また，生存率は，①壮年期（16〜50歳）の男性はその他の人より17%高く，②壮年期の女性はその他の人より20%高くなった。

④ パニック事態と時間的余裕

　この研究の結果明らかになったことは，生死を分けるような緊急事態で
も，タイタニック号の事故のようにある程度の時間があれば，人は通常の社
会規範（女性や子どもを優先する，社会的地位が優先度に影響する）に従っ
て，理性的に行動するというものである。しかし，時間的余裕がなければ，
社会規範は機能せず，個々人が自分が生き残ることに精一杯になってしまう
ことも明らかになったと言える。時間が理性と非理性，集団の光と影を分け
る鍵となると考えられる。

　しかし一方で，落ち着いた行動がかえって生存を危うくするというパラ
ドックスもある。「大丈夫，冷静に」というような根拠がない安心させる情
報は，避難を遅らせ，被害を拡大させる可能性もある。韓国で起きたセウォ
ル号沈没事故の被害が拡大したのは，このような情報のためであった。

(4) パニック事態と愛着感情

　そして，人は物理的危険から逃れるよりも，親しい人と一緒にいたいとい
う欲求が強くなる。親しい人と一緒であれば死の恐怖が軽減されることは，
戦場における兵士に関する調査結果からも明らかになっている。米国で行わ
れた第二次世界大戦中の士気調査によれば，多くの兵士が他の部隊に配属さ
れることを嫌がった。というのは，自分の部隊が安全だと感じていたからで
ある（Janis, 1963）。また，海に投げ出されているという極限状況でも，戦友
と一緒であれば冷静であった（Burns & Kimura, 1963）。そして，兵士と将校
の絆は戦闘直前や戦闘中に強くなり，互いに強い愛着感情を持つようになる
ということであった。また，戦場では兵士は戦友と離れるより，死ぬ可能性
が高いとわかっていても，戦友と命運をともにする傾向があった（Marshall,
1947）。

　天寿をまっとうした人のなかに，死の間際に亡くなった親が訪ねて来たと
いう人が何人もおり，そういう人はみな，安らかな死を迎えたという報告も
ある。これを「お迎え」と呼び，介護関係者の７割が経験しているというこ

とである。

　結局，生死の境においても，親しい人と一緒であれば，恐怖は感じるがパニックにはならない。これは集団の光の部分と言えば言えるであろう。

3.　緊急時の援助行動

　援助事態においても，多元的衆愚や責任の分散のような理論は，集団の悪しき側面に関するものである。これによれば，集団は我々から理性を奪うものと思われる。しかし，このような見方は必ずしも正しいものではなく，ときには集団が，向社会性の向上や悪に対する抑止力になっている可能性もある（Levine & Crowther, 2008）。

（1）傍観者効果

　傍観者の行動に関する研究は，1964 年に発生した，キティ・ジェノベーズという若い女性の暴行死事件がきっかけとなっている。2 週間後に発行された『ニューヨーク・タイムズ』によれば，事件発生時に 38 人の目撃者がいたにもかかわらず，30 分以上誰も警察に連絡せず，結局連絡したのは犠牲者が死亡してからであった。このように，多数の人がいるにもかかわらず援助行動が生起しない現象を，「傍観者効果」という（Latane & Darley, 1970）。ただし，この新聞記事は間違っていて，実際は 3～4 人の人が短時間，加害者と被害者がいることを目撃していたが，事件発生の瞬間を見ていたわけではなかったということであった。そして，加害者が現場を立ち去ろうとした瞬間に，「人殺し」といった叫び声を発したり，すぐに警察に電話するといった行為もあった。しかし，この 38 人の傍観者の話は，心理学者の想像力をかきたてることになった（Manning et al., 2007）。

　メタ分析の結果によれば，傍観者効果は日常生活ではある程度存在するが，人命に関わるような緊急事態では現れないことも明らかになった（Fischer et al., 2011）。それどころか，緊急事態では他者の存在が援助行動を

抑止せず，かえって促進する場合があることが明らかになった。先述した ジェノサイドの事例や，9.11 テロ事件時のワールドトレードセンター内にお ける人々の行動は，そのことを示唆している。

(2) 黒い羊効果

　また，傍観者の存在が暴力を抑止することもありうる。そのメカニズムの ひとつとして，黒い羊効果（Marques & Paez, 1994）が考えられる。黒い羊効 果は，特定の集団成員が集団の価値や規範を侵害したときに，そしてそのこ とが，集団の評判や集団成員の社会的アイデンティティを損なっていると内 集団の傍観者が感じたときに生起する。そのため，集団のポジティブなイ メージや規範の正当性を維持するために，集団成員は内集団成員のネガティ ブな行動に対して，外集団のそれに対してよりも厳しく対応するのである。 内集団成員のあからさまな暴力は外集団成員の暴力より悪いと判断され，そ のために内集団の加害者の行動を止めるような行動が現れることもありう る。ただし，そのような行動は，成員が内集団とどの程度同一視しているの か，内集団規範をどの程度重視しているのかによる。一方，傍観者によって 暴力が是認され，規範に外れていないと判断されれば，そのような暴力行為 は傍観者のアイデンティティの脅威にはならない。

(3) 集団間関係の暴力抑止力

　そして，集団間の関係も，傍観者の行動に影響することを示した研究があ る（Stott et al., 2001）。この研究では，1998 年のサッカーのワールドカップの 決勝戦のファン同士のいざこざを観察し，サッカーファンの暴力抑止につい て検討している。スコットランドのサッカーファンは暴力を振るわないこと を誇りにしていたということである。スコットランドのチームのファンのな かで暴力を振るうような者が出た場合，すぐに周りから静かにさせられた。 イングランドのチームとスコットランドのチームは長年にわたりライバル関 係にあり，このような傾向は両者の試合のときに最も顕著になったというこ

とである。外集団との関係が，集団内の暴力の抑止に影響していたのである。

　以上述べてきたように，本章ではジェノサイドやパニック事態，それから緊急時の援助行動を取り上げ，集団の光と影について検討した。諸研究を概観して言えることは，集団が善になるのか悪になるのかには，時間などの物理的条件や集団内の人間関係，集団間の関係などが多重的に影響していることである。

［文　献］

Baumeister, R.（1997）*Evil: Inside human violence and cruelty.* Freeman/Holt.

Browning, C. R.（1992）Ordinary men: Reserve police battalion 101 and the final solution in Poland. Harper Collins.（谷喬夫訳〈2019〉増補 普通の人びと――ホロコーストと第 101 警察予備大隊. 筑摩書房）

Burns, N. & Kimura, D.（1963）Isolation & sensory deprivation. In N. Burns, R. Chambers & E. Hendler (Eds.), *Unusual environments & human behavior.* Collier-Macmillan.

Cameron, C. & Payne, B.（2011）Escaping affect: How motivated emotion regulation creates insensitivity to mass suffering. *Journal of Personality and Social Psychology,* **100**, 1-15.

Campbell, B.（2010）Contradictory behavior during genocides. *Sociological Forum,* **25**, 296-314.

Dawes, J.（2014, August 22）Should we call ISIS "evil"? CNN Opinion.〔www.cnn.com/20141OS 122/opinion/dawes-isis-evil.〕

Dawidowicz, L. S.（1986）*The war against the Jews, 1933-1945.* Bantam.

Drury, J., Cocking, C., & Reicher, S.（2009）Everyone for themselves?: A comparative study of crowd solidarity among emergency survivors. *British Journal of Social Psychology,* **48**, 487-506.

Einwohner, R. L.（2009）The need to know: Cultured ignorance and Jewish resistance in the ghettos of Warsaw, Vilna, and Lodz. *Sociological Quarterly,* **50**, 407-430.

Festinger, L.（1954）A theory of social comparison processes. *Human Relations,* **7**, 117-140.

Fischer, P., Greitemeyer, T., Kastenmuller, A., Krueger, J. I., Vogrincic, C., Frey, D., et al.（2011）The bystander effect: A meta-analytic review on bystander intervention in dangerous and non-dangerous emergencies. *Psychological Bulletin,* **137**, 517-537.

Frankl, V. E. (1947) *Ein Psychologe Erlebt Das Konzentrationslager, Oesterreichische Dokuments Zur Zeitgeschichte.* München: Kösel-Verlag. (霜山徳爾訳〈1956〉夜と霧. みすず書房)

Frey, B., Savage, D., & Torgler, B. (2001) Behavior under extreme conditions: The Titanic disaster. *Journal of Economic Perspectives,* **25**, 209-222.

Hilberg, R. (1993) *Perpetrators, victims, bystanders: The Jewish catastrophe 1933-1945.* Harper Perennial.

Hovannisian, R. G. (1992) The question of altruism during the Armenian Genocide. In P. M. Oliner, S. P. Oliner, L. Baron, L. A. Blum, D. L. Krebs & M. Smolenska (Eds.), *Embracing the other: Philosophical, psychological, and historical perspectives on altruism.* New York University Press, pp. 282-305.

Janis, I. L. (1963) Group identification under conditions of external danger. *British Journal of Medical Psychology,* **36**, 227-238.

Latane, B. & Darley, J. M. (1970) *The unresponsive bystander: Why doesn't he help?* Appleton-Century-Crofts. (竹村研一・杉崎和子訳〈1977〉冷淡な傍観者——思いやりの社会心理学. ブレーン出版)

Levine, M. & Crowther, S. (2008) The responsive bystander: How social group membership and group size can encourage as well as inhibit bystander intervention. *Journal of Personality and Social Psychology,* **95**, 1429-1439.

Lidegaard, B. (2013) *Countrymen.* Knopf.

Mamdani, M. (2001) *When victims become killers: Colonialism, nativism, and the genocide in Rwanda.* Princeton University Press.

Manning, R., Levine, M., & Collins, A. (2007) The Kitty Genovese murder and the social psychology of helping: The parable of the 38 witnesses. *American Psychologist,* **62**, 555-562.

Marques, J. M. & Paez, D. (1994) The "black sheep" effect: Social categorization, rejection of in-group deviants, and perception of group variability. In W. Stroebe & M. Hewstone (Eds.), *European review of social psychology vol. 5.* Wiley, pp. 37-68.

Marshall, S. L. A. (1947) *Men against fire.* Morrow.

Milgram, S. (1974) *Obedience to authority : An experimental view.* Harper. (岸田秀訳〈1975〉服従の心理——アイヒマン実験. 河出書房新社)

Miller, A. G. (2014) The explanatory value of Milgram's obedience experiments: A contemporary appraisal. *Journal of Social Issues,* **70**, 558-573.

Myers, D. (2008) *Social psychology 9th ed.* McGraw-Hill.

Newman, L. S. (2002) What is a "social-psychological" account of perpetrator behavior?: The person versus the situation in Goldhagen's Hitler's Willing Executioners. In L. S. Newman & R. Erber (Eds.), *Understanding genocide: The social psychology of the holocaust.* Oxford University Press. pp. 43-67.

Proulx, G. & Fahy, R. F. (2003) Evacuation of the World Trade Center: What went right? Proceedings of the CIB-CTBUH International Conference on Tall Buildings October 20-23, Malaysia. (CIB Publication No. 290).

Reicher, S., Cassidy, C., Wolpert, I., Hopkins, N., & Levine, M. (2006) Saving Bulgaria's Jews: An analysis of social identity and the mobilization of social solidarity. *European Journal of Social Psychology, 36*, 49-72.

Reicher, S, & Levine, M. (1994) On the consequences of deindividuation manipulations for the strategic communication of self: Identifiability and the presentation of social identity. *European Journal of Social Psychology, 24*, 511-524.

Ringelblum, E. (1976) *Polish-Jewish relations during the Second World War*. Fertig.

篠田英朗 (2008) スーダンという国家の再構築——重層的紛争展開地域における平和構築活動. 武内進一編　戦争と平和の間——紛争勃発後のアフリカと国際社会, **573**, 59-89.

Staub, E. (1989) *The roots of evil: The origins of genocide and other group violence*. Cambridge University Press.

Stott, C., Hutchinson, P., & Drury, J. (2001) Intergroup dynamics, social identity and the presence and absence of collective "disorder" at the 1998 Football World Cup Finals in France. *British Journal of Social Psychology, 40*, 359-384.

Tec, N. (1993) *Defiance: The Bielski partisans*. Oxford University Press.

Vollhardt, J. R. (2012) Interpreting rights and duties after mass violence. *Culture and Psychology, 18*, 133-145.

Waller, J. (2001) Perpetrators of genocide: An explanatory model of extraordinary human evil. *Journal of Hate Studies, 1*, 5-22.

Warner, R. H., Wohl, M. J. A., & Branscombe, N. R. (2014) When do victim group members feel a moral obligation to help suffering others? *European Journal of Social Psychology, 44*, 231-241.

Zimbardo, P. G. (2007) *The Lucifer effect: Understanding why good people turn evil*. Random House.

第5章

テロリストの行動パタンとプロファイリング

[大上　渉]

1.　はじめに

　本章では，テロ捜査において心理学が果たす役割について述べる。

　まず，欧米諸国や日本で行われているテロ捜査の手法について概説する。テロ捜査は，テロの芽を摘み行動を封じる事前防止と，事件後に速やかに犯人を特定し身柄を拘束する事後捜査に大別される（松本，2008）。どちらの捜査も，長期間にわたり多くの人員や資機材が投入され続ける諜報的手段によって実現される。

　殺人や放火などの刑事事件の捜査においては，心理学や行動科学の理論や知見などを援用した犯罪者プロファイリングや，ポリグラフ検査などの捜査支援ツールの利用が進んでいるが，同様の捜査支援はテロ捜査においても活用される余地が大いにあるように思われる。

　そこで，事前防止や事後捜査に役立つと考えられる行動科学的な捜査支援，たとえばテロ組織の組織化段階の推定や，犯行声明映像の分析，典型的なテロリスト像の抽出，組織固有の行動パタンに注目した犯行組織のプロファイリングなどを紹介する。

2.　従来のテロリズム捜査

(1)　テロの事前防止と事後捜査

　効果的なテロ捜査は，事前防止と事後捜査が融合し，一体となっていることが理想的とされている（松本，2008，2014）。事前防止とは，諜報的手段を用いてテロの準備行為をとらえ，犯人らの身柄を事前に捕縛し，事前に封じ込めることである。また，事後捜査とは，テロ事件が発生した後，実行グループや実行犯を速やかに検挙し，それ以上のテロによる被害を防ぐことである。以降は，国際テロに詳しい警察庁の松本（2014）に従って述べる。

①　テロの事前防止の目的

　松本（2014）によると，テロの事前防止とは，諜報的手段を用いたテロリストの行動監視や，テロ組織のネットワーク解明である。

　諜報的手段には，対象者の秘匿追尾，対象組織内の内通者（情報提供者）獲得工作，また通信傍受や電子通信の監視，信書開披などがある。公安機関や捜査機関がこれらの手段をどこまで用いているかは，それぞれの国によって異なる。欧州，特に英国やフランス，ドイツなどはこれまで，国内や植民地においてテロと戦ってきた長い歴史があることから，自国の公安機関や捜査機関に対し，通信傍受はもちろんのこと，対象者の自宅家屋内やインターネット空間も，モニタリング可能な権限や能力が付与されている（松本，2014）。一方，日本の警察は，これまでの公安捜査によって洗練された協力者獲得工作や秘匿追尾（竹内，2009；プレオブラジェンスキー・名越，1994）といった，比較的マイルドな手段を用いて情報を収集している。これは，テロの深刻な脅威に直面しているとは必ずしも言い難い日本の現状を，反映したものと言えるだろう。

　テロの事前防止は，監視対象者数の増加や組織形態の変化によって，従来のテロリストの行動監視や組織のネットワーク解明が困難になりつつある。たとえば，英国内務省保安庁（MI5）は，2007 年時点でアル・カーイダ関

係者だけでも二千人以上を監視対象としており（Gardner, 2007），全員を監視することはもはや不可能であると考えられている（松本，2014）。

　また，松本（2014）によると，これまで主流であったピラミッド型のテロ組織では，内部の情報提供者から情報を得ることも可能であった。しかし，現在の主流であるネットワーク型テロ組織は，家族や友人のような親密な関係性にある個人間あるいは，少人数グループがゆるやかなつながりで結ばれていることから，内部に情報提供者を養成し，そこから情報を得ることは難しい。加えて，組織内における情報伝達も，これまでのように直接接触することや，電子メールやSNS，スカイプなどが用いられることは少なくなった。アル・カーイダやISIL（イラク・レバントのイスラム国）では，電子画像内にメッセージを隠して送付する「ステガノグラフィー」や，スマートフォン用の暗号化メッセンジャーなどの暗号通信を用いている（安部川・岡田，2017）。したがって，通信を傍受できたとしても解読にまで至らないことがあり，行動監視や組織のネットワーク解明は，次第に困難になりつつあると考えられる。

② テロの事後捜査の目的

　代表的なテロの事後捜査手法には，現場鑑識・科学捜査や思想的背景の分析などがある。たとえば，爆発物を使用したテロ事件では，犯行現場に残された微量の爆薬や電子回路，乾電池の破片などを丹念に採取し，検査・鑑定することで，使用された爆薬や爆発物の構造の解明が可能である（中村，1996）。

　米国において，1993年に発生した世界貿易センタービル爆破事件や，1995年に発生したオクラホマシティ連邦政府ビル爆破事件では，どちらも徹底的に現場を鑑識し，犯行関係車両のナンバープレートの復元などから，犯人逮捕にたどり着いている（Burke, 2007）。日本において1990年に発生した警視庁独身寮爆弾テロ事件でも，現場で発見されたデジタル式腕時計（起爆装置）が決め手となり，革労協による犯行と判断された（大島，2011）。このように，現場に残された物的資料を鑑識・鑑定することにより，犯人や犯

行組織を特定する証拠や有力な手がかりが得られる。

　また，1974〜75 年にかけて発生した，東アジア反日武装戦線（「狼」「大地の牙」「さそり」）による連続企業爆破事件では，爆弾闘争の教程本『腹腹時計』どおりの爆弾が使用されていたことが鑑識により判明した。警視庁公安部が『腹腹時計』の記述内容と過去の左翼系論文の内容を比較・精査したところ，思想的背景「窮民革命論」にたどり着き，犯行組織特定にまで結びついた（門田，2013）。

(2)　心理学を応用したテロ捜査支援

　前節において説明した，テロの事前防止とテロ発生後の事後捜査は，どちらも心理学の理論や知見などが活用される余地が大いに残されている。具体的には，以下の 3 つである。

　　①諜報の分析支援
　　②テロリストの典型的犯人像分析
　　③行動パタンに注目したテロ組織のプロファイリング

　①については，社会心理学のタックマンモデル（次項参照）を利用することで，諜報的手段により集められた諸情報から，組織化段階やテロの実行時期を推定可能である。また，犯行声明の映像を丹念に分析することで，指導者の意図や組織の方針などを読み取れる。

　②については，多くのテロリストに共通する個人属性を見出すことで，典型的なテロリスト像を描き出せる。一般人とテロリストを区別する覚知されやすいデモグラフィック特徴が抽出されれば，事前防止における監視や，事後捜査における捜査の効率化に，大きく貢献することになる。

　③については，各テロ組織には固有の行動パタンが見られることから，それを手がかりにすることで犯行組織の迅速な特定に寄与できる。

　以降において，心理学を応用したさまざまなテロ捜査支援について，説明

する。

3. 諜報の分析支援

(1) 諜報に基づいた実行予測と妨害工作

近年，ローン・アクター・テロやホームグロウン・テロのような，単独犯ないしは少数犯によって実行されるテロが増加している。しかし，9.11 同時多発テロのような大規模なテロ事件は，アル・カーイダや ISIL などのような，高い作戦遂行能力を有するテロ組織によって行われてきた。アル・カーイダは国際的包囲網の強化やビン・ラディンを失って弱体化し（竹内，2014），ISIL はイラク・シリアの支配地をすべて失ったとはいえ，アル・カーイダについては，依然として欧米諸国等に対するジハードの継続を表明しており（国際テロ研究会，2018），また ISIL については 2019 年 4 月にスリランカで 300 名以上が犠牲になった同時爆破テロの実行や，インド・パキスタンにおいて新たな「州」の設立を宣言するなど，依然として国際社会の脅威であり続けている（国際テロ研究会，2018）。

そもそも組織も人間と同様に成長し，変化する。当初は数人のメンバーでひとつの目標に取り組んでいるが，組織が成長するにつれてメンバーも増え，いくつかの機能が分業される。それに伴い階層構造も自ずと生まれてくる（奥村，1984）。オーストラリアの法心理学者であるロバーツ（Roberts, 2015）は，テロ組織の成長と変化に注目し，タックマン（Tuckman, 1965）の組織形成モデルを援用してテロ組織の組織化段階推定や犯行予測という，いわばテロ組織のプロファイリングとも言える諜報分析支援について論じている。

(2) タックマンの組織形成モデル

人々が集まり集団が形成され，集団もメンバーも変容していく過程を，集団発達という。タックマンの組織形成モデルとは，あたかも人がさまざまな発達段階を経て成長するように，組織も 5 つの段階を経て，期待どおりに機

表5-1　タックマン（1965）による組織形成の段階

発展段階	段階名	特　徴
1	形成期 （Forming）	○組織形成されたばかりで，組織の目標やメンバーの役割などを模索する段階。 ○メンバーはお互いのことを知らない。 ○この段階において組織が崩壊する可能性が最も高い。
2	混乱期 （Storming）	○組織の目標，各自の役割と責任などについて，メンバーが意見を発する段階。 ○意見や価値観の相違から，対立や衝突が生じる。 ○メンバー間に競争，嫉妬，摩擦，敵意などが生じ，ストレスが多い段階。
3	統一期 （Norming）	○各自の役割などが生まれ，行動規範が確立。組織の目標が共有され，組織内の関係性が安定する段階。 ○組織として機能し始める。
4	機能期 （Performing）	○組織内に結束力と一体感が生まれ，組織の力が目標達成に向けられる段階。
5	解散期 （Adjourning）	○時間的な制約，事態の急変，目的の達成などの理由により，メンバー間の相互関係を終結し，組織が解散する段階。

（Roberts, 2015；本間，2011；田村，2012なども参考に著者作成）

能することを示したものである。単なる集団が組織へと発展する過程において，当初は各メンバーの考え方の違いが顕在化し，対立や衝突が生じる。しかし，そのような困難を乗り越えることでメンバー間の相互理解が進み，共通の目標に向かって協働することで，組織として機能するようになる（本間，2011；田村，2012）。

　表5-1に，タックマンの5つの発展段階（①形成期，②混乱期，③統一期，④機能期，⑤解散期）を示す。

（3）組織化段階のプロファイリング——タックマンモデルの応用

　ロバーツ（Roberts, 2015）は，タックマンモデルを援用することで，テロ

組織の組織化段階が推定可能であり，また今後のテロ実行の予測や妨害工作のタイミングも計れると述べている。

　たとえば，諜報の結果，対象組織内においてメンバー間の衝突や対立が目立つのであれば，その組織は混乱期の段階にあると推定される。また形成期は，メンバーが単に集まっただけの状態にすぎず，組織の目標や各自の役割を模索している段階なので，テロ実行の可能性は当面低いと予測できる。一方，諜報により，対立が少なく役割が明確に分化されていることが明らかになれば，統一期の段階にあると推定され，テロ実行の可能性が高まっていると予測できる。

　諜報の主要手段である協力者工作は，時宜がかなえば，情報収集のみならず組織への妨害工作も行える。ロバーツは，メンバー間の衝突や対立が生まれる混乱期はメンバーのストレスも高いので，組織内に埋設した協力者がさらなる対立や不一致を招く発言，また役割再考などを迫れば，組織内の混乱が一段と深まり，テロの脅威がさらに遠のくと述べている。

　ほかにも，機能期のテロ実行直後は組織のメンバーが捜査の動向や市民の眼，報道に敏感になっており，実行した事件の反省や総括，今後の対応などでメンバー間の連絡・接触が頻繁に行われやすく，組織のネットワークや実体解明に適した段階であることなどを述べている。

　ロバーツによるこのようなテロ組織の組織化段階に焦点を当てたプロファイリングの類いは，ほかにはほぼ皆無であり，興味深いさまざまな知見をもたらしている。

(4) 声明映像に基づいたプロファイリング

　法務省の外局である公安調査庁は，国内外のテロ情報を収集する機関としても知られている。その公安調査庁が，2013年版の『国際テロリズム要覧』（公安調査庁，2013）において，アル・カーイダの現最高指導者アイマン・アル・ザワヒリ（ウサマ・ビンラーディン殺害後の2011年6月に就任）が発出した，複数の声明ビデオを分析している。その分析では，指導者に就任す

① **2011年までの映像・画像の典型例**

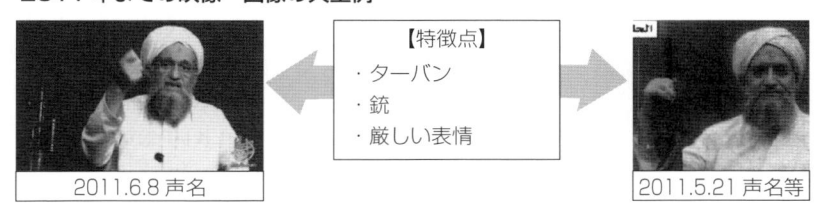

② **2012年に新たに出現した画像**

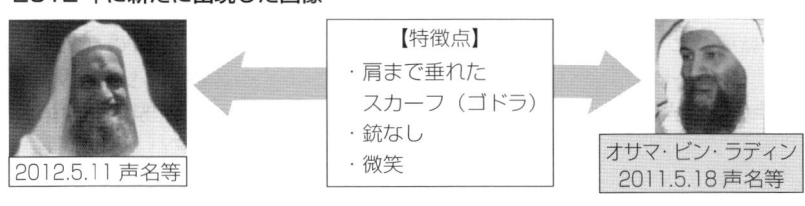

図5-1　アル・カーイダ最高指導者アイマン・アル・ザワヒリ氏の就任前後の外見的変化

（公安調査庁，2013，p. 49）

る前と後でのザワヒリの衣装や持ち物，表情の変化などに着目している（**図 5-1**）。

　それによると，2011年までの映像では，ザワヒリはほぼすべてにおいて白いターバンを着用し，しばしば銃を抱え，あるいは背景に銃を立てかけ，厳しい表情で語りかけていた。しかしながら，最高指導者に就任した2012年以降の声明ビデオではそのスタイルが一変した。ザワヒリは，ターバンのかわりにゴトラと呼ばれる長いスカーフを着用し，銃も見られず，微笑みをたたえて語りかけるようになった。

　声明ビデオ中におけるザワヒリの衣装や持ち物，表情の変化について，公安調査庁（2013）は，従来の厳しいイメージを変えて，ウサマ・ビンラーディンを意識しながら，アル・カーイダの指導者としてソフトなイメージを打ち出そうとしている意図があると分析している。

　公安調査庁が行ったこのような分析は，オシント（OSINT：open-source intelligence）と呼ばれる。公開情報（テレビ，新聞，ラジオ，書籍，イン

ターネット，政府報告書，予算や人口に関する公式データなど）を丹念に集積し，さまざまな角度から既知の事実と比較検討する分析手法である（小林，2014）。東西冷戦時代には，外部からはうかがい知れないソ連の政治中枢における権力構造や政策決定過程を明らかにするため，ソ連共産党機関紙『プラウダ』やソ連政府機関紙『イズベスチャ』の記事分量や掲載箇所，言葉遣い，また式典など公式の場における要人たちの序列などが，過去のケースと比較分析された。このような手法を用いたソ連の政治・政策研究を，「クレムリノロジー」（Kuremlinology）という（木村，1981）。

4. テロリストの典型的犯人像のプロファイリング

（1）組織的テロリストの典型的人物像

　テロリストに見られる共通点や典型的人物像を明らかにすることは，テロの事前防止や事後捜査のどちらにも有効な手がかりとなる。事実，多くのテロリストを対象にし，彼らの性別や年齢，職業，学歴，出身階層，家族構成といった個人属性情報の共通点から，典型的なテロリスト像を抽出する研究が古くから行われている。これらの研究知見を年代順に並べて俯瞰すると，テロリスト像に関するある事実が見えてくる（図 5-2）。結論を先に述べると，時代を超えた普遍的なテロリスト像は，残念ながら見出されていない。

　1960～70 年代にかけては，世界的に見ても左翼テロの時代であった。ラッセルとミラー（Russell & Miller, 1977）はこの時代のテロリストについて，中東や南米，西ヨーロッパ，日本などのテロ組織のメンバーの個人属性を調査した。その結果，その時代のテロリストは，中流階層から上流階層の出身者であり，裕福で暮らし向きにも恵まれた 22～24 歳までの独身男性が多かった。大半が大学教育を受けており，在学中にマルクス主義に触れていた。表向きには，法律や医療関係者，ジャーナリスト，教員などの職に就いていた。ハンドラー（Handler, 1990）も，60～70 年代に米国内で活動した左翼・右翼テロリスト 280 名を調査した。その結果，左翼テロリストは右翼テロリスト

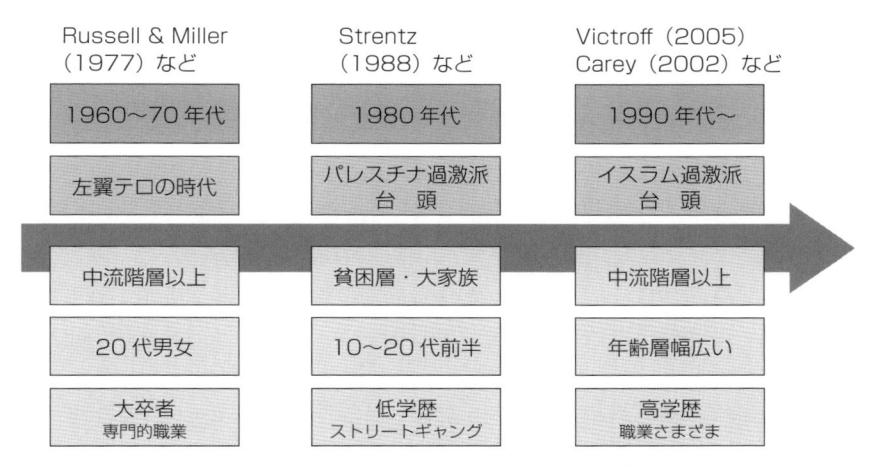

Russell & Miller (1977) など	Strentz (1988) など	Victroff (2005) Carey (2002) など
1960〜70 年代	1980 年代	1990 年代〜
左翼テロの時代	パレスチナ過激派台頭	イスラム過激派台頭
中流階層以上	貧困層・大家族	中流階層以上
20 代男女	10〜20 代前半	年齢層幅広い
大卒者 専門的職業	低学歴 ストリートギャング	高学歴 職業さまざま

図 5-2　テロリストの典型的人物像の推移

と比べ大卒者が多く，所得階層も高く，女性メンバーも多く含まれていた。このように，1970 年代までの典型的テロリスト像は，中流階層以上出身の若い男女であり，大学教育を受けて洗練されていると言える。

　1980 年代に入ると，左翼テロが沈静化した一方で，中東地域においてパレスチナ系テロ組織が台頭する。ストレンツ（Strentz, 1988）によると，パレスチナ系テロ組織の典型的メンバー像は，地方に住む貧しい大家族出身者であり，年齢は 17〜23 歳までと非常に若い。学業成績は低く，読み書きすらできない者も多かった。1990 年代後半からはイスラム過激派組織が台頭し，現在にまで至る。メンバーの大まかな共通点は，中流階層以上の家庭に生まれ，高学歴者が多いことが指摘されている（松本, 2008）。しかし，詳細に見ると，建築家や技術者，詩人，放浪者，飲食店のオーナーなど，さまざまな職に就いており，40 代後半の既婚男性，また 18 歳の学業優秀な女子学生など，性別や年齢層，職業，家族構成などには一定の傾向は見られない（Carey, 2002；Rees et al., 2002；Victoroff, 2005）。

　以上のように，典型的なテロリスト像は，時代の変遷や地域によって相違していると言える。しかし，この事実は，テロリズムが時代や地域が抱える

問題と密接に関わっていることを示唆しているとも言える。

(2) ローン・アクター・テロリストの典型的人物像

　ローン・アクター・テロリストについても，その典型的人物像を探る研究が行われている。ジル（Gill, 2015）はローン・アクター・テロリストを組織的テロリストと比較し，彼らの社会人口学的属性を明らかにした。また，スパイエ（Spaaij, 2011）も，1968〜2010年までの間に，米国や英国，独，仏，伊などの15カ国において発生した，ローン・アクター・テロ犯88名を分析した。彼らが見出したローン・アクター・テロリストの典型的人物像を，**表5-2** に示す。

表5-2　ローン・アクター・テロリストの典型的人物像

属　性	ローン・アクター・テロリスト	備　考
年　齢 (Gill, 2015)	平均33歳	PIRA（IRA 暫定派）および イスラム過激派（平均25歳）， コロンビアのテロリスト（平均20歳）
教育水準 (Gill, 2015)	大学教育（60％）	学士（26％），修士（11％）， 博士（7％）
職　業 (Gill, 2015)	無職（44％）	IRA 非主流派（無職27％）， ETA（無職0.6％）
婚　姻 (Gill, 2015)	未姻率（59％）	―
犯行動機 (Gill, 2015)	イスラム過激派に感化（34％）， 極右に感化（39％）， それ以外（27％）	―
攻撃手法 (Spaaij, 2011)	銃器（43％）， 爆発物（28％）	組織的テロ犯の爆発物使用率（75％）
攻撃対象 (Spaaij, 2011)	一般市民（58％）， 政府機関・政治家（13％）	―

（Gill, 2015；Spaaij, 2011 をもとに著者作成）

　ローン・アクター・テロリストの年齢は平均して 33 歳であり，PIRA（暫定アイルランド共和軍）やイスラム過激派などの組織的テロリストの平均年齢が 25 歳であるのと比べ，やや高い傾向にある。教育水準は高く，60％が何らかの形で大学教育を受けている。しかし，高い教育を受けながら，無職が 44％を占めている。この無職の割合は，他の組織的テロリストと比べると高い値と言える。また，未婚率も 59％と高い。ジル（Gill, 2015）によると，ローン・アクター・テロリストは，社会的孤立や集団での不適応などを経験している者が多く，無職率や未婚率の値は，彼らが抱える問題を探る際の糸口になると考えられる。

　なお，ローン・アクター・テロリストの犯行動機については，イスラム過激派に感化，極右に感化，それ以外の 3 つに分かれる。攻撃手法としては，組織的テロリストが爆発物による攻撃を好むのに対し，彼らは比較的入手しやすい銃器が 43％と多く，攻撃対象は政府機関や政治家よりも，ソフトターゲットと呼ばれる一般市民を狙う傾向が見られる。

(3)　日本におけるローン・アクター・テロの特徴

　ローン・アクター・テロに類する事件は，日本においてもたびたび発生している。しかし，欧米で発生するローン・アクター・テロと大きく異なるのは，その犯行動機である。欧米のローン・アクター・テロは，格差や差別に怒りや疎外感を募らせた若者が，過激なイスラム思想，あるいは自民族至上主義や移民排斥などの極右的思想などに感化されてテロを引き起こす。それに対し日本のローン・アクター・テロは，政治性や思想性に乏しい反面，犯行動機が多様であることから，一括りにして説明することは難しい。以下に日本におけるローン・アクター・テロの事件例を示す。

① 首相官邸ドローン機落下事件（2015 年 4 月発生）

　この事件は，福井県に住む 40 代の男性が，2015 年 4 月 9 日の午前 3 時 40 分ごろ，東京都港区の駐車場からドローンを遠隔操作で飛ばし，首相官邸の屋上に落下させたものである。そのドローンには，放射性物質を含む土砂や

発炎筒が載せられていた。犯人の男性は，同 24 日午後 8 時過ぎに，福井県小浜署に出頭した。犯行動機は「反原発を訴えるためにドローンを飛ばした」と述べている（朝日新聞，2015，2016）。

② 北大生イスラム国渡航未遂事件（2014 年 10 月発生）

この事件は，北海道大学に在籍する 20 代の男子学生が，知人らとともに「イスラム国」の拠点があるシリアへ渡航しようとした事件である。イスラム過激派組織「イスラム国」の外国人戦闘員になることが目的であったが，警視庁から私戦予備・陰謀容疑で捜索を受けて，計画は頓挫した。就職活動で上京した歳に，秋葉原の古書店に貼られた「勤務地シリア」との求人広告を目にして，決意したという。読売新聞の取材に対し，「非日常の世界に身を置けば，充実感が得られるかもしれないと思った」と述べている（読売新聞，2014a，2014b）。

③ 西武新宿線通勤ラッシュ時爆破計画（2007 年 6 月発生）

この事件は，30 代の無職男性がネット通販や薬局で購入した薬品を調合し，「TATP」（トリアセトン・トリパーオキサイド）と呼ばれる爆発物を製造した事件である。国立大学で暗号学を専攻していた犯人の男性は，通信会社に就職したが人間関係に悩み退職した。その後，職を転々としたがどれも長続きせず，仕事がある人を妬み，通勤ラッシュ時に西武新宿線の急行などの電車内で爆弾を爆発させようとしていた。男性を不審に思った薬局が通報し，逮捕につながった（産経新聞，2007；読売新聞，2007a，2007b）。

以上の事件例が示すとおり，日本におけるローン・アクター・テロは政治性や思想性とは無縁であり，自分探しや，自分が置かれた境遇に対する不満・世間への逆恨みといった，個人的問題に動機づけられたものが多い。産経新聞（2016）は警察関係者の話として，欧米とは異なり宗教や人種をめぐる激しい対立がない日本では，行動原理も多様で絞りにくい傾向にあると述べている。

このように，テロの動機が多様であるということは，出現する環境の予測

が難しく（Spaaij, 2011），諜報に基づいた事前防止にも困難が伴うことを意味している。

5.　行動パタンに基づいたテロ組織のプロファイリング

(1) テロ組織の署名的戦術

　すでに説明したとおり，時代や地域を越えた普遍的なテロリスト像を見出すことはできなかった。しかし，多くのテロリストがいずれかの組織に属し，組織の一員として何らかの作戦に基づいて軍事行動をとる以上，その行動に着目すれば一定の特徴や傾向を読み取ることができるかもしれない。

　事実，テロ組織には，それぞれ独自の署名的戦術があることが知られている（越智, 2004；Steven, 2010）。たとえば IRA 暫定派は，攻撃戦術として，バラックバスター（Barrack-Buster）という自家製迫撃砲を用いた攻撃にこだわっている。つまり，バラックバスターを用いた攻撃は，IRA 暫定派の署名的戦術と考えられる（Steven, 2010）。

　また，アル・カーイダには，同じターゲットを繰り返し狙うことや，同じ攻撃手法を繰り返し用いるなど，ターゲットの選定や攻撃戦術に反復性が見られることが指摘されている（桜, 2018；松本, 2008）。たとえば，2001 年の 9 月 11 日に，アル・カーイダによる航空機突入テロにより崩壊したワールドトレードセンタービルは，1993 年の 2 月にも，アル・カーイダによって攻撃されていたことが知られている。アル・カーイダは航空機を狙ったテロにも執着しており（松本, 2008），2009 年 12 月と 2010 年 10 月に，PETN という爆薬（金属探知機に反応しにくい性質がある）を持ち込んで爆破を試みている（桜, 2018）。ほかにも，イラク戦争ではスンニ派の武装勢力，特にそのうちの外国人兵士が，自爆テロを好んで行っていたことも署名的戦術と考えられるだろう。

　テロ組織にこのような組織固有の署名的戦術が生まれる理由は，テロ攻撃のターゲットや攻撃戦術，使用する武器の選定などはすべて，組織的意思決

定に基づいて行われることに由来する（越智，2004）したがって，各々のテロ組織固有の犯行パタンを把握できれば，テロの事前防止（Steven，2010；Bolz et al., 2002）や，テロ組織の特定など（Steven，2010）に貢献することになる。

(2) テロ組織の署名的戦術に関する学術的研究

　テロ組織の戦術に固有の傾向が見られることは，実証的研究からも報告されている。たとえば，横田ら（Yokota et al., 2007）は，報道情報に基づいた国際的なテロ事件データベース，ITERATE（International Terrorism: Attributes of Terrorist Events）を用い，4,737件のテロ事件で使用された22の攻撃戦術を，多次元尺度構成法（MDS：Multi-Dimensional Scaling）により分析した。その結果，テロ組織による攻撃戦術に大きく3つのテーマがあることを見出した。

　1つ目は，敵対する集団への脅迫を目的とした「脅威としての攻撃」であり，放火や火炎瓶，爆発物，施設占拠などの戦術が用いられる。2つ目は，テロ組織の目的達成のために行われる「手段としての攻撃」である。人質誘拐や人質立てこもり，ハイジャックなど，要求交渉のため人質をとる戦術が用いられる。3つ目は，個人や集団の殺害を目的とする「暴力としての攻撃」であり，自爆や自動車爆弾，暗殺・殺人などの戦術が用いられる。

　さらに，調査対象である217のテロ組織のうち89%が，3つのうちいずれかのテーマに含まれる攻撃戦術を繰り返していることを明らかにしており，テロ組織には独自の犯行パタンが見られることを示している。

(3) 日本のテロ組織の犯行パタン

　最近，日本国内において，テロ事件はそれほど多く発生していない。その大きな理由のひとつに，過去に数多くのテロ事件を引き起こした左翼過激派の方針修正がある。近年，これらの組織では，新規加入者の減少やメンバーの高年齢化が進んでいるため，テロ・ゲリラなどの武装闘争を行うよりも組

織の維持・拡大を優先している。そのため，大衆の幅広い共感を得るために，反原発運動や貧困問題，環境問題などに積極的に取り組んでいるという（警察庁，2004；大島，2011）。

　しかしながら，日本のテロ組織は，特に左翼過激派は国外の支援組織や既存の武器・兵器に頼ることなく，高い技術力を背景に自動操縦の火炎放射車両，テルミットを利用した時限式発火装置，圧力釜や消火器を用いた爆弾などを製造し，それらを用いた日本独自とも言うべき攻撃戦術を発展させ，海外のテロ専門家の注目を集めてきた（首藤，1991）。

　大上（2013）は，日本国内で発生したテロ事件の犯行パタンに，各犯行組織の固有特徴が反映されていることを実証するため，1990～2010 年までに日本国内で発生した左翼過激派，右翼・新右翼およびオウム真理教による 377 件のテロ事件を収集した。収集したデータを 5 変数（犯行組織，攻撃時間，攻撃方法，攻撃対象および犯行声明の発出形態）でコード化し，多重コレスポンデンス分析を用いて分析したところ，**図 5-3** に示す布置図が得られた。プロットされた項目は，互いに接近しているものほど関連性が高く，離れた項目ほど関連性が低いと解釈される。

　犯行組織と犯行形態の布置状況と，変数間のクロス集計分析の結果から，各犯行組織には，犯行時間帯や攻撃対象，攻撃方法などに一定の傾向が見られることが明らかになった。**表 5-3** に，各組織の特徴的な犯行パタンを変数ごとに集約して示す。たとえば，午前 0 時～午前 4 時までの間に，時限式発火装置を成田空港関係者の自宅や，皇室と関連深い神社に密かに設置して発火させるのは，中核派の典型的な犯行パタンである。また，中核派と同じく午前 0 時～午前 4 時までの時間帯に，防衛省や公安調査局などに向けて迫撃砲で飛翔弾を撃ち込むのは，革労協主流派の典型的な攻撃パタンであることがわかる。

　以上のことから，日本国内のテロ組織にも，組織固有の犯行パタンがあることが実証された。この大上の研究は，テロ組織に見られる固有戦術から実行組織を推定可能であることを示しており，テロ捜査に新たな視座を提供し

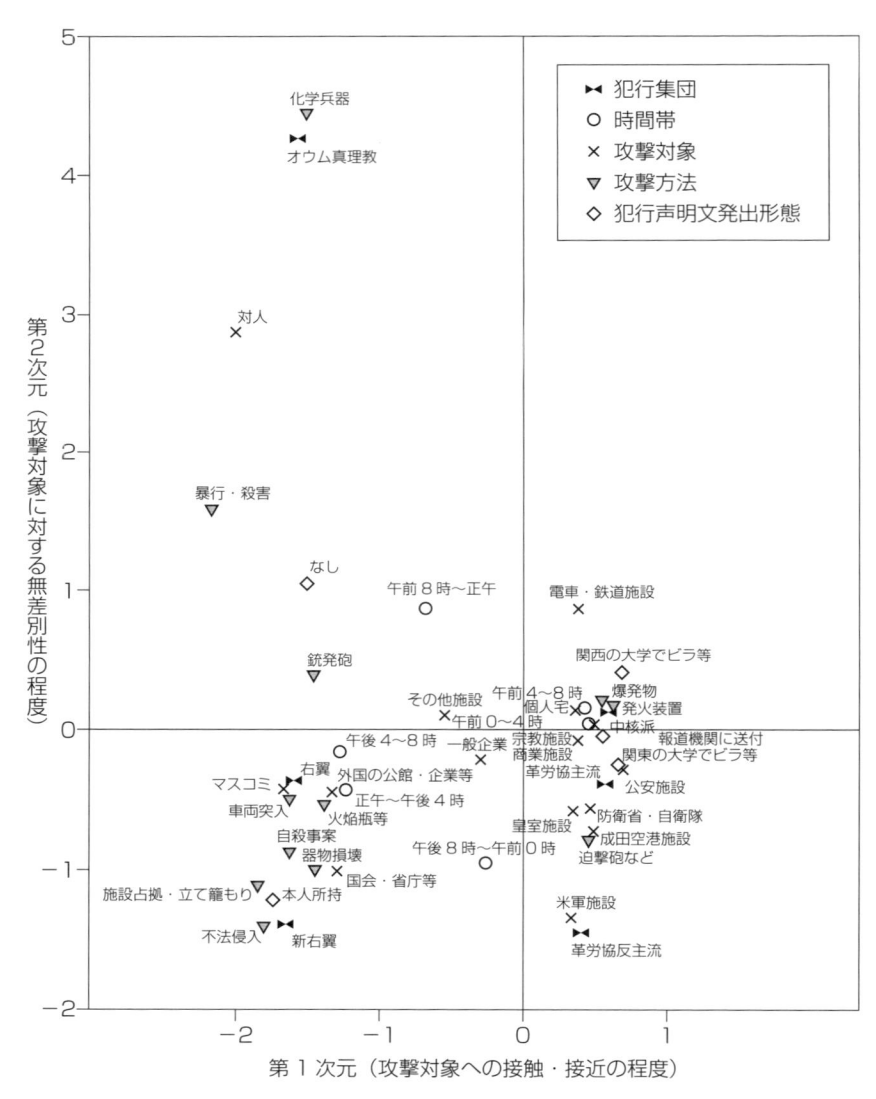

図 5-3　国内テロ組織の犯行パタンに基づいた多重コレスポンデンス分析の結果

（大山，2013，Figure1 を著者一部改変）

表 5-3　日本国内における左翼過激派や右翼などの犯行パタン

犯行組織	犯行時間帯	攻撃対象	攻撃方法
中核派	午前 0 時〜午前 4 時	成田空港関係者・皇室と関連深い神社など	接近して発火装置設置
革労協主流派	午前 0 時〜午前 4 時	防衛省・公安施設など	離れた位置から飛翔弾
革労協反主流派	午後 8 時〜午前 0 時	米軍基地など	離れた位置から飛翔弾
オウム真理教	午前 8 時〜正午	教団運営を妨害する人物や組織	化学兵器，暴行・殺害
右　翼	日中の時間帯	国会・省庁，報道機関，外国公館，企業など	車両突入，火炎瓶，発砲，器物損壊
新右翼	日中の時間帯	国会・政党本部，報道機関など	侵入して立てこもり・器物損壊など

（大上，2013 をもとに著者作成）

ていると言える。

6.　おわりに

　わが国では犯罪や非行の対策に，警察，学校，児童福祉などの実務家が，科学的知見を参照することはあまりなかったとの指摘がある（津富，2008）。たしかに，警察の捜査においても，事情聴取や取り調べなどは，心理学的知見を実践に応用するよりは先輩・上司の教えを受けるなど，先人の経験を重視する形で発展してきた（高村，2017）。

　しかしながら，刑事警察の分野では，ポリグラフ検査や犯罪者プロファイリングのように，心理学的・行動科学的知見を援用した捜査支援ツールが導入され，普及している。それに対し公安警察の分野では，秘密裡に諜報捜査を行うために情報の管理と保秘が徹底されており，心理的な捜査支援ツールの導入や普及は，刑事警察と比べ想像以上に難しいことなのかもしれない。

テロ捜査の今後の展開に注視したい。

【文　献】

安部川元伸・岡田　忠（2017）テロリストによる暗号通信の実態に関する一考察――世界の治安・情報機関も解読できず．第 16 回情報科学技術フォーラム（FIT2017）サイバーワールド研究会「安全保障と社会を守るサイバーワールド」資料

朝日新聞（2015）ドローン関与か，福井県警に男出頭「反原発訴えた」．4 月 25 日朝刊

朝日新聞（2016）官邸にドローン，被告に有罪判決「職員の業務妨害」東京地裁．2 月 17 日朝刊

Bolz Jr., F., Dudonis, K. J., & Schulz, D. P. (2011) *The counterterrorism handbook: Tactics, procedures, and techniques*. CRC Press.

Burke, R. A. (2007) *Counter-terrorism for emergency responders* (2nd ed.). CRC Press.

Carey, B. (2002) Method without madness? *Los Angeles Times*, **30** July. [https://www.latimes.com/archives/la-xpm-2002-jul-30-fg-suicide30-story.html]

Gardner, F. (2007) MI5 watch 2,000 terror suspects. *BBC News*, **2** May 2007. [http://news.bbc.co.uk/2/hi/uk_news/6613963.stm]

Gill, P. (2015) *Lone-actor terrorists: A behavioural analysis*. Routledge.

Handler, J. S. (1990) Socioeconomic profile of an American terrorist: 1960s and 1970s. *Terrorism*, **13**(3), 195-213.

本間道子（2011）集団行動の心理学――ダイナミックな社会関係のなかで．サイエンス社

門田隆将（2013）狼の牙を折れ――史上最大の爆破テロに挑んだ警視庁公安部．小学館

警察庁（2004）警備警察 50 年の歩み．焦点，**269**，68.

木村明夫（1981）日本におけるクレムリノロジー．海外事情，**29**(1)，24-32.

公安調査庁（2013）国際テロリズム要覧 2013 年版．公安調査庁

小林良樹（2014）インテリジェンスの基礎理論［第 2 版］．立花書房

国際テロ研究会（2018）2014 年の国際テロ情勢を振り返って．国際テロ研究会編著　別冊治安フォーラム　国際テロリズムの潮流．立花書房，pp.178-187.

松本光弘（2008）グローバル・ジハード．講談社

松本光弘（2014）国際テロ対策の手法と組織――テロ攻撃の阻止とテロリストの監視．関根謙一・北村　滋・倉田　潤・辻　義之・荻野　徹・島根　悟・高木勇人編　講座警察法．立花書房，pp.583-671.

中村　順（1996）捜査官のための現場鑑識（3）爆発物使用事件の現場鑑識について．警察時報，**51**(9)，76-81.

越智啓太（2004）テロリストの心理的特性に関する研究の現状と展開．東京家政大学研究紀要 1　人文社会科学，**44**，50-59，209-217.

奥村昭博（1984）組織設計と組織モデル．関本昌秀・横田澄司・正田亘監修　組織と人間行動［第 2 版］．泉文堂，pp.51-71.

大島真生（2011）公安は誰をマークしているか．新潮社

大上　渉（2013）日本における国内テロ組織の犯行パターン．心理学研究，**84**(3)，218-228.

プレオブラジェンスキー，コンスタンチン・名越陽子（1994）日本を愛したスパイ——KGB 特派員の東京奮戦記．時事通信社

Rae, J. A.（2012）Will it ever be possible to profile the terrorist? *Journal of Terrorism Research*, **3**(2), 64-74.

Rees, M., August, M., Baghdadi, G., Hamad, J., Klein, A., MacLeod, S., et al.（2002）Why suicide bombing is now all the rage. *Time*, **15**, April, 33-39.

Roberts, K.（2015）Social psychology and the investigation of terrorism. In J. Pearse（Ed.）, *Investigating terrorism: Current political, legal and psychological issues*. Wiley Blackwell, pp. 202-213.

Russell, C. A. & Miller, B. H.（1977）Profile of a terrorist. *Studies in Conflict & Terrorism*, **1**(1), 17-34.

桜　隼人（2018）『インスパイア』で紹介された手製爆発物．国際テロ研究会編著　別冊治安フォーラム——国際テロリズムの潮流．立花書房，pp. 9-17.

産経新聞（2007）西武線で爆弾テロ狙う ダイナマイト並みの爆薬原料も保有．9 月 10 日

産経新聞（2016）【テロ対策最前線】理由もなくある日突然爆弾を炸裂させる——ネットが醸成するローンウルフ型テロリストの恐怖．1 月 9 日

首藤信彦（1991）世界のテロリズムと日本の安全——国際ビジネスマンの危機管理．大陸書房

Spaaij, R.（2011）*Understanding lone wolf terrorism: Global patterns, motivations and prevention*. Springer Science & Business Media.

Steven, G.（2010）Terrorist tactics and counter-terrorism. In A. Silke（Ed.）, *The psychology of counter-terrorism*. Routledge, pp.152-163.

Strentz, T.（1988）A terrorist psychosocial profile: Past and present. *FBI Law Enforcement Bulletin*, **13**, 13-19.

高村　茂（2017）認知インタビュー．越智啓太・桐生正幸編著　テキスト司法・犯罪心理学．北大路書房，pp.451-466.

竹内　明（2009）ドキュメント秘匿捜査——警視庁公安部スパイハンターの 344 日．講談社

竹内　明（2014）「イスラム国」外国人戦闘員の深層心理——北海道大学生との共通項を読む．特集 異次元動乱——世界を震憾させる 「イスラム国」．外交，**28**，52-55.

田村由美（2012）新しいチーム医療——看護とインタープロフェッショナル・ワーク入門．看護の科学社

Tuckman, B. W.（1965）Developmental sequence in small groups. *Psychological Bulletin*, **63**(6), 384.

津富　宏（2008）少年非行対策におけるエビデンスの活用．小林寿一編著 少年非行の行

動科学——学際的アプローチと実践への応用. 北大路書房, pp.226-238.

Victoroff, J. (2005) The mind of the terrorist: A review and critique of psychological approaches. *Journal of Conflict Resolution*, **49**(1), 3-42.

Yokota, K., Watanabe, K., Wachi, T., Hoshino, M., Sato, A., & Fujita, G. (2007) Differentiation of international terrorism : Attack as threat, means, and violence. *Journal of Investigative Psychology and Offender Profiling*, **4**, 131-145.

読売新聞 (2007a) 爆発物製造男を逮捕 ネットで薬品購入, 調合容疑／警視庁. 6月12日朝刊

読売新聞 (2007b)「西武新宿線通勤ラッシュ時爆破計画」 検察側主張, 被告は否認／東京地裁公判. 9月10日朝刊

読売新聞 (2014a) イスラム国で戦闘画策 私戦予備容疑 北大生の関係先捜索. 10月7日朝刊

読売新聞 (2014b)「イスラム国」渡航計画の北大生 刺激が欲しかった. 12月21日朝刊

第6章

テロリストの検出と
テロ計画の
情報収集

［平　伸二］

1.　日本における国際テロの可能性

（1）　日本の現状とソフトターゲット・テロ

　日本では，2019 年にラグビーワールドカップ大会，2020 年に東京オリンピック・パラリンピック競技大会が開催される。両大会は国際的な注目度の極めて高い行事であり，これらの機会を狙った国際テロへの万全の対策が求められている。警察庁もこの動向には敏感であり，『警察白書 平成28年版』（国家公安委員会，2016）では，特集として「国際テロ対策」を取り上げた。

　特に，オリンピック・パラリンピックは世界中から多数の要人，選手団，観客などが集まるため，日本がテロの標的となる可能性は否定できない。実際，過去には，1972 年のミュンヘン・オリンピックにおけるイスラエル選手団襲撃事件，1996 年のアトランタ・オリンピックにおけるオリンピック100 周年記念公園爆弾テロ事件が発生している。

　ところで，日本は銃器に対する規制が厳しく行われ，2017 年の銃器使用犯罪はわずか 28 件（うち，暴力団構成員によるものなどが 14 件）と，極めて少ない（法務省法務総合研究所，2018）。この 10 年を見ても，50 件を超えた年はわずか 2 年である。このように，今の日本では拳銃，小銃，機関銃，

砲，猟銃などによるテロは考えにくい。また，警察庁は，銃砲刀剣類や火薬などを取り扱う個人や事業者に対し，銃砲刀剣類所持等取締法や火薬類取締法に基づく規制や指導を行い，官民を通じて銃器類に関するテロを未然に防いでいる。

　爆破事件に関しても，1985 年 6 月 23 日，新東京国際空港の手荷物仕分場において預けられていた手荷物が爆発し，作業員 2 名が死亡したカナダ太平洋航空機積載貨物爆破事件以降，発生していない。

　さらに，先進国サミット会場，国会議事堂，軍事施設などは，武装した自衛隊員・警察官や警備員が配置されたり，軍事的装備も設置されたりしているため成功する確率は低く，逮捕される確率も高くなり，軍事施設などをターゲットとするテロの可能性は少ないと考えられる。したがって，日本で最も懸念される方法は，ソフトターゲット・テロである。

(2) 世界で多発するソフトターゲット・テロ

　ソフトターゲットは，不特定多数の者が集まる大規模集客施設や公共交通機関などであり，2010 年代から諸外国においてテロの標的とされてきた。**表6-1** は 2015 年以降の主なソフトターゲット・テロをまとめたものである。

表6-1　2015 年以降の主なソフトターゲット・テロ

発生年	テロの名称
2015 年	・パリの週刊新聞『シャルリー・エブド』社襲撃事件 ・パリの劇場，レストラン等の同時テロ事件
2016 年	・ブリュセルの連続テロ事件 ・ダッカのレストラン襲撃人質テロ事件 ・ニースのトラックテロ事件 ・ベルリンのクリスマス・マーケットへのトラック突入事件
2017 年	・ロンドン橋周辺のテロ事件 ・マンチェスター・アリーナ爆発事件
2018 年	・パリのオペラ座付近路上での刃物襲撃事件

　2015 年 11 月 13 日にパリで発生した同時テロは，同年の 1 月に政治週刊新聞『シャルリー・エブド』などを狙った連続銃撃テロ事件を受けて，兵士約 1 万人を動員する厳戒態勢が続いていたなかで発生した。21 時 40 分頃，ロックコンサートが行われていた劇場「バタクラン」が，自動小銃を持った複数の男によって襲撃され，80 名以上の死者が出た。約 1,500 人収容の劇場はほぼ満席であり，自動小銃が乱射されるなか，多くの観客が劇場後方の非常口などから逃げる様子が，世界中に配信され衝撃を与えた。さらに，劇場襲撃の少し前には，パリの郊外や市内で複数のレストランが銃撃され，自爆テロも相次ぎ，死者は合計 120 人に達した。当時のオランド大統領は，非常事態を宣言して出入国制限などを伴う緊急措置をとった（本間，2015）。

　このようにパリ市内の劇場でのソフトターゲット・テロは，誰もが被害に巻き込まれる可能性を現実のものと変えた。ソフトターゲット・テロに巻き込まれるリスク認知も高まり，ヨーロッパへの旅行や研修の多くが中止になるような影響も出た。

　そして，2016 年 7 月 14 日，フランス南部のリゾート地ニースで，革命記念日の花火見物で遊歩道に集まっていた群衆に高速で大型トラックが突っ込み，約 2km にわたって蛇行運転しながら見物客をはねて，86 人の死者と200 人以上の負傷者が出た。パリやブリュッセルのテロ事件では爆弾や自動小銃が使用されたのに対し，ニースのトラックテロ事件は，大がかりな準備や資金・組織がなくても，車両のような「使用しやすい道具」（easy-to-use tools）で誰もが単独でテロを起こせることを示した。

(3)　テロ組織が推奨するソフトターゲット・テロ

　この事件はそれ以降に多発する車両突入事件のモデルケースとなり，アル・カーイダ（AQ : Al-Qaeda）系のローン・ウルフ型のテロの指南書『インスパイア・ガイド』2 号（2016 年 7 月 21 日）でも，高く賞賛されている（鶴ヶ崎，2018）。そして，ソフトターゲット・テロは新たな言葉として世界中の人に認識されることとなり，各国政府は具体的な対策を求められるよう

になった。

　警察庁警備局（2019）は，ISIL（Islamic State of Iraq and the Levant）がオンライン機関誌『ダービク』などにおいて，わが国や邦人をテロの標的として繰り返し名指ししていること，アル・カーイダについても米国およびその同盟国に対する戦いを標榜し続けていて，米国と同盟関係にあり，多くのアメリカ権益を国内に抱えるわが国が，テロの標的となる可能性は否定できないとしている。警察庁警備局（2019）では，「テロ対策は，警察による取組のみでは十分ではなく，関係機関，民間事業者，地域住民などと緊密に連携して推進することが望まれます」とホームページに掲載して，官民一体となったテロ対策の推進を呼び掛けている。

2.　国際的なテロへの関心と心理学からの貢献

(1) 第 31 回国際心理学会議におけるテロリズムに関するシンポジウム

　一方，国際的にも，横浜で開催された第 31 回国際心理学会議（ICP2016）において，国際応用心理学会のゴーチェ（Gauthier, J.）会長による Globalization and terrorism: Finding more effective approaches to preventing violence and promoting peace around the world と題した講演は，国内外の研究者で立ち見が出る反響であり，国際テロが世界共通の関心事であり，心理学者がテロの未然防止を通じて世界平和に貢献する必要性を訴えた。そして，国際応用心理学会は，この横浜での ICP2016 の期間中に「テロリズムと平和構築のための特別委員会（Task Force on Terrorism and Peace Building）」（https://iaapsy.org/policies-initiatives/task-force-on-terrorism/）も立ち上げ，テロの問題に多くの心理学関係者を参加させることを目的に活動を続けている。この特別委員会の活動は，Twitter アカウント「@IAAP_Terrorism」で発信されている。

(2) テロ対策に関する日本とアメリカの意識の違い

　ところで，日本は，1995 年 3 月 20 日の朝の通勤時間帯，東京の霞ケ関駅を通過する 3 つの地下鉄路線の 5 つの車両に，猛毒の化学兵器サリンを散布し，死者 13 名，負傷者 5,800 名以上という甚大な被害をもたらした地下鉄サリン事件の経験があるにもかかわらず，国際テロへの関心は高いとは言えない。前項で挙げたように，警察庁も官民一体となったテロ対策を訴えているが，自分には最悪の事態は訪れないと考えてしまうような正常性バイアスが働いているせいか，テロ対策も身近なものとして感じられない。

　これに対して，諸外国の国際テロへの関心と実行力は，政府レベル，民間レベル，研究者レベルでも極めて高い。筆者がこのことを痛感したのは，2001 年の September 11 attacks（以下，9.11 テロ）の事後である。9.11 テロは，2,996 人が死亡（CBC News, 2011），6,000 人以上が負傷，損害 100 億ドル以上と試算されている。非常に甚大な人的および経済的被害を与えていることに加え，今なお多くの人の記憶に刻まれ世界中の人にテロの恐怖を植え付け，被災した被害者およびその家族・遺族にとっては，いまだに PTSD（Post Traumatic Stress Disorder：心的外傷後ストレス障害）が残るなどの二次的な被害も与え続けている。

　筆者は 9.11 テロの約 1 カ月後，カナダでの国際精神生理学会に参加したが，警備体制の厳しさ（現在も継続している），テロに屈しない意思の表明，テロに対する政策の迅速な整備を目の当たりにした。翌年のワシントン D.C. で開催された国際精神生理学会の際も，警備は厳戒であり，ホワイトハウスや FBI 本部の見学ツアーも中止されていた。

　また，井樋（2006）によると，9 月 23 日にはタリバンやアル・カーイダなどのテロ組織や特定個人，団体を指定して，彼らの資産の凍結と，彼らとアメリカ国民との間での寄付行為を含む取引行為を禁止し（大統領令第 13224 号発令），10 月 26 日には捜査機関の権限の拡大や国際マネーロンダリングの防止，国境警備，出入国管理，テロ被害者への救済などについて，新たに

「2001 年米国愛国者法」が制定された。2002 年 3 月 11 日には「国土安全保障法」制定，2003 年 2 月 14 日には「対テロ国家戦略」の発表を行うなど，次々に国家レベルでの法的対応が行われた。

(3) 生理指標を用いたテロリスト発見の試み

　この 9.11 テロに関連して，筆者が専門とする「ウソ発見」（平ら，2000）の研究が，2002 年に *Nature* に掲載されたのも驚きであった。パヴリディス（Pavlidis et al., 2002）は，熱画像の得られるサーマルカメラで顔面の皮膚温を計測して，空港警備のスクリーニングに利用できる可能性を報告した。具体的には，マネキンを刺して 20 ドルを奪う有罪群（$n=8$）と無罪群（$n=12$）に対し，「あなたは 20 ドルを盗みましたか？」という質問前後の熱画像から得られる目の輪郭の温度の上昇を指標として，有罪群で 75.0%（8 名中 6名），無罪群で 91.7%（12 名中 11 名），両群合わせて 85.0%（20 名中 17 名）の正検出率が得られた。皮膚温上昇のメカニズムとしては，交感神経系を媒介とした闘争あるいは逃走反応（fight or flight response）による血流量の増加と推測している。

　同じ実験参加者に国防総省ポリグラフ研究所（DoDPI：Department of Defense Polygraph Institute）によるポリグラフ検査を実施した結果は，有罪群で 75.0%（8 名中 6 名），無罪群で 66.7%（12 名中 8 名），両群合わせて 70.0%（20 名中 14 名）の正検出率となり，顔面の皮膚温による検査の検出力が高いことを報告した。そして，ポリグラフ検査と比較して，生理指標を測定するためのセンサーを付けることなく非接触型であることから，大勢の空港利用者に適用できるメリットを挙げた。また，それまでの空港警備において，「荷物は自分で詰めましたか？」などの質問に対する返答や仕草から主観的に判断する方法に比べて，妥当性が高いことも強調した。この研究はDoDPI の研究者とともに継続され，顔面の皮膚温を指標として，有罪群・無罪群ともに 91.7%（12 名中 11 名）の高い正検出率を報告している（Pollina et al., 2006）。

　顔面皮膚温上昇の原因としては，眼窩周辺部の前篩骨動脈に，酸素を含んだ血液の供給が増加することを挙げている（Pollina et al., 2006）。ただし，従来のポリグラフ検査と併用することで検出率が上がり，単独での使用には限界があると述べている。筆者も，故意にまばたきや眼球運動をすることで血流を操作して，顔面の皮膚温を変化させて妨害して逃れることや，不安や緊張度が高いとまばたきの回数が増加することから（田多ら，1991），無関係な容疑者であっても犯人となる間違いが生じるため，慎重な取り扱いが必要であると考える。

　ただし，熱画像によるその後の研究は非接触式という利点から研究は進んでおり，ゴワシュフスキ（Gołaszewski et al., 2015）が 11 研究を表にまとめたレビューとして報告している。次頁の**表6-2**は，ゴワシュフスキ（Gołaszewski et al., 2015）の表をもとに筆者が改変したものである。11 の研究のうち半分以上の 6 研究で検出率 80% 以上，他の 3 研究も 70% 以上と，偶然確率以上の好成績となっている。今後，非接触型の熱画像装置の性能向上に加え，判定アルゴリズムの飛躍的向上（人工知能の搭載も含め）が予想されるため，今後の動向に注目する必要がある。

3.　隠匿情報検査と探索型隠匿情報検査を利用したテロの未然防止の可能性

（1）情報検出に基づくポリグラフ検査の特徴

　犯罪捜査における「ウソ発見」は，正式にはポリグラフ検査と呼ばれている。生理反応を測定するポリグラフ装置を使用して，犯罪に関する質問を行い，被検査者の供述の真偽を明らかにする方法である。犯罪捜査場面で測定する生理反応は，末梢神経系の呼吸，皮膚電気活動，心拍，脈波などである。これらの生理指標は，質問に対する有意味性の定位反応や情動生起を鋭敏に反映する。さらに，末梢神経系のなかでも主に自律神経系の支配を受けており，随意統制が困難であるという特徴を持つ。日本では 1953 年に犯罪

表6-2　ゴワシュフスキらの表に基づく顔面皮膚温に関する研究一覧

著者（発表年）	実験参加者の実験課題	顔の判定領域	検出率
Pavlidis & Levine (2001)	有罪群はマネキンをドライバーで刺して20ドルを盗み嘘をつく。無罪群は窃盗課題がなく真実を答える。	前額部および眼窩周辺	78.0%
Pollina et al. (2004, 2006)	有罪群はマネキンをドライバーで刺して20ドルを盗み嘘をつく。無罪群は窃盗課題がなく真実を答える。	口, 目, 鼻, 首など14領域で主に眼窩周辺	91.7%
Tsiamyrtzis et al. (2006)	小切手の入った封筒を見つけ, 小切手を盗む場合にはポケットに入れ, 盗まない場合には返却する。その後, 盗んだかどうかの質問に答える。	前額部	87.2%
Zhu et al. (2007)	記述なし	前額部（眼窩上部）	76.3%
Shastri et al. (2008)	記述なし	眼窩周辺（目の内側）	82.0%
Warmelink et al. (2010)	実験参加者は空港での実験に参加し, 彼らの旅行先については真実, 旅行目的については嘘で答える。	記述なし	64.0%～69.0%
Salazar-López et al. (2012)	実験参加者は架空のアリバイを作る作業をした後, 電話インタビューでその日の行動に関する質問に嘘で答える。	目の両端	記述なし
Jain et al. (2012)	実験参加者は模擬窃盗課題で指輪を盗み嘘で答える。	目の両端, 鼻孔の外側鼻, 口の周囲	83.5%
Park et al. (2013)	有罪群は財布を盗み, 無罪群は研究室からメールを送信する。	目と鼻の間の三角形領域主に眼窩周辺	98.9%
Kim et al. (2014)	有罪群は財布を盗み, 無罪群は研究室からメールを送信する。	記述なし	70.6%～73.3%
Rajoub & Zwiggelaar (2014)	実験参加者は自身の教育, 仕事について嘘の情報を覚える。その後, 彼らの日常生活に関するインタビューに対して嘘で答える。	目の端（鼻の周囲）	87.0%

（Golaszewski et al., 2015 をもとに著者一部改変）

捜査に導入され，年間約 5,000 件の検査が実施されている（平，2005）。

　日本の虚偽検出は，情報検出に基づく隠匿情報検査（concealed informa-tion test：CIT）を実務に導入していることから，世界的な注目度が極めて高い（Ben-Shakhar, 2012）。CIT は情報検出に基づいて犯人の記憶を判定対象としている。そのため，1980 年代後半からは，脳波から得られる事象関連電位による虚偽検出が，国内外で検討されてきた。特に，P300 と呼ばれる事象関連電位は，有意味な刺激に対する情報処理を反映するため，その有効性が高く認められている（平，2009）とともに，筆者の論文を含め，国内外ですでに 100 以上の論文が掲載されている。また，精神生理学の分野で最も著名な教科書であるカシオポ（Cacioppo et al., 2007）の *Handbook of Psycho-physiology*（3rd ed.）は，29 章の Detection of Deception のなかで筆者の論文（p.697）も含め，虚偽検出の指標として事象関連電位が有効であることが紹介されている。

（2）隠匿情報検査（CIT）の質問構成とその長所

　ここで，CIT の具体的な質問構成について解説する。CIT は，犯罪の詳細事実である裁決質問と，複数の中立な非裁決質問からなる多岐選択質問を使用する。たとえば，被害品が指輪であるならば，指輪を裁決質問として以下のような質問表を作成する（平，2005）。

　【CIT の質問表】
　盗んだ貴金属の種類についての質問。
　　1. あなたが盗んだのは指輪ですか？（裁決質問）
　　2. あなたが盗んだのはネックレスですか？（非裁決質問）
　　3. あなたが盗んだのはイヤリングですか？（非裁決質問）
　　4. あなたが盗んだのはブローチですか？（非裁決質問）
　　5. あなたが盗んだのはブレスレットですか？（非裁決質問）

　もし，裁決質問に対する被検査者の生理反応が，非裁決質問よりも一貫して大きければ，被検査者が犯罪に関係した知識を有すると判定する。CITは通常，呈示順序を変えて複数回質問する（上記の質問の場合，5問構成なのでランダムな順序で5回質問）。また，犯罪事実1つだけでなく，複数の犯罪事実（上記窃盗ならば，犯行時間，侵入方法，指輪の種類，指輪の保管場所など）についての質問も行う。したがってCITは，確率的に無実の人を犯人と判定する間違い（false positive error）が極めて少ない検査である。

　上記のCITは，検査時点で犯人が行った犯罪事実について，検査者側も明確に把握しているタイプである。これに対して，検査時点で犯人が行った犯罪事実について検査者側が把握できていないタイプのCITがあり，犯人の記憶を探索するという意味で，探索型隠匿情報検査（searching CIT：SCIT）と呼ばれる。

(3) 探索型隠匿情報検査（SCIT）の特徴と可能性

　たとえば，平（2005）は，殺人・死体遺棄事件において，死体発見現場から持ち去られていた凶器の種類について特定した事例を報告している。現場に凶器は残っていなかったものの，検死結果により首に残った痕跡から，絞殺に使用した凶器の種類が，柔らかい，やや幅広の布製品の可能性が高いことが判明した。そこで，過去の類似の殺人事件を参考に，柔らかい布製品で絞殺を行っているものを抽出し，次のようなSCIT用の質問を作成した。

【SCITの質問表】
　絞殺に使った凶器の種類についての質問。
　　1．ネクタイを使って首を絞めましたか。
　　2．着衣を使って首を絞めましたか。
　　3．シーツを使って首を絞めましたか。
　　4．ストッキングを使って首を絞めましたか。
　　5．布紐を使って首を絞めましたか。

　　6.　タオルを使って首を絞めましたか。

　この質問表で検査した結果，質問 1 の「ネクタイ」の質問呈示に対し，皮膚抵抗反応および脈波の大きな変動に加え，返答後の呼吸の停止（10 秒以上）が認められた。検査終了後，自供に基づき絞殺に使用した凶器がネクタイであることが判明した。

　このような SCIT は，実務検査で頻繁に使用されていて，死体の遺棄場所や凶器の遺棄場所，盗品の隠し場所，犯行道具の準備方法など，基礎捜査段階で不明であった犯罪事実を推定し，検査後の捜査に活用して証拠確保に大きな実績を挙げている。

　以上のように，CIT および SCIT による検査方法は，末梢および中枢指標の両方でテロリストやテロの計画を探索的に明らかにしたりして，テロリストの同定やテロの未然防止に貢献できる可能性がある。

4.　CIT を利用したテロの未然防止に関する研究

(1)　CIT 先進国の日本への期待と評価

　CIT 研究で世界のリーダー的存在であるイスラエルのベン-シャッカー（Ben-Shakhar, 2012）は，2001 年の 9 月 11 日に発生した 9.11 テロ以来，CIT の研究がアメリカとヨーロッパで急速に増加していることをレビュー論文で指摘している。その成果として，フェルシューレら（Verschuere et al., 2011）の *Memory detection: Theory and application of the concealed information test* の出版を挙げている。なお，この本の編者 3 名は，日本の科学捜査研究所と科学警察研究所の研究者と深い交流があり，何度も CIT の調査と研究のために日本を訪れている。CIT の犯罪捜査への実用化に関しては日本が最も進んでおり，世界的評価も非常に高い（Ben-Shakhar & Furedy, 1990；Hira & Furumitsu, 2002；平, 2005）。上記の本の第 14 章では日本の犯罪捜査における CIT の実態も詳細に報告されている（Osugi, 2011）。

　ところで，現在までのCIT研究は，単独犯による犯罪に対して，その犯罪事実の認識の有無を判定する事件を対象としていた。しかし，CITはテロ，特殊詐欺，暴力団犯罪のような集団で実施する組織犯罪の捜査にも有効である。これまでに報告されているCITを利用したテロの未然防止に関する研究を紹介する。

(2) CIT によるテロ容疑者検出のための研究（末梢神経系）

　オランダのマーストリヒト大学のメイヤーら（Meijer et al., 2010）は，12名の実験参加者に模擬テロ攻撃シナリオ課題を用い，攻撃日，攻撃場所（都市名），標的対象（店舗名）に関する情報を記憶させた。その後，皮膚コンダクタンス反応を測定しながらCITを実施して，裁決質問に有意な増大が認められることを報告した。このことから，テロ容疑者のメンバーから，SCITによって今後のテロに関する情報を抽出できると示唆した。

　また，メイヤーら（Meijer et al., 2013）は，100名の実験参加者を5名ずつの20グループに分けて実験を行った。5名に分けられた実験参加者は，あらかじめ用意された選択肢を使って，テロ攻撃の対象とする国名，都市名，ストリート名を決める模擬テロ攻撃シナリオ作成課題を行った。つまり，20のグループでそれぞれ異なるシナリオを作成し，皮膚コンダクタンス反応を指標としたSCITを，グループごとに5名同時に受けた。その結果，国名を20のうち19グループ，都市名を19のうち13グループ，最後のストリート名を13のうち7グループで検出した。つまり，20グループで国名，都市名，ストリート名まですべて検出できたのは35.0%（20グループ中7グループ）であったが，模擬テロ攻撃シナリオ作成課題を行っていないグループでは，国名で20グループ中1グループが誤って検出されたが，都市名とストリート名では検出されず（0%），SCITがテロ計画の検出に有効であることを示した。

　イスラエルのエラード（Elaad, 2016）は，テロ組織のメンバーが，必ずしもテロ計画のすべての知識を持っているわけではないことに着目した実験を

行った。具体的には，52 名の大学生実験参加者を，無作為に 15 グループ（グループの人数は同数ではない）に分けた。そして，6 つの裁決項目からなる脱獄計画のうち，異なる 2 項目を 15 グループ（$_6C_2 = 15$）ごとに記憶させた。皮膚コンダクタンス反応・指尖脈波・呼吸の 3 指標による総合判定の結果，6 つのうちの 5 項目（陽動作戦，脱獄者数，脱獄時刻，隠れ家，逃亡国）を同定できた。これらのことから，たとえ部分的にしか情報がなくても，テロ組織のメンバー複数に SCIT を実施することで，すべての真相を明らかにできる可能性を示唆した。

(3) CIT によるテロ容疑者検出のための研究（中枢神経系）

　アメリカのノースウェスタン大学のメクスナーとローゼンフェルト（Meixner & Rosenfeld, 2011）は，実験参加者自身に攻撃日，攻撃場所，攻撃方法について 4 種類の候補から 1 つ選択させて，選択後にテロ攻撃のシナリオを手紙として書く課題を実施させた。その後，実験参加者が選択した項目と選択しなかった項目を complex trial protocol（CTP）で呈示した結果，事象関連電位の P300 振幅が，選択した刺激に対して増大することを報告している。個別判定では，模擬テロシナリオ課題を作成した有罪群（12 名），作成していない無罪群（12 名）ともに 100％正検出率となり，有効な指標であることを強調した。

　ところで，P300 による CIT では，事件に関係のある裁決刺激（probe），事件に無関係な非裁決刺激（irrelevant），検出を要求される標的刺激（target）からなる，3 刺激オッドボールパラダイムが使用される（平，2005, 2009）。probe と irrelevant に対しては非利き手でのボタン押し，target に対しては利き手でのボタン押し課題を求め，弁別課題を課すことで画面への注視を担保する。

　しかし，テロリストを被検査者とした場合，通常の 3 刺激オッドボール課題による検査（Farwell & Donchin, 1991）では，刺激呈示に対してできるだけ速く正確にボタン押しを実施する教示に，従わないことが予測される。ま

た，妨害工作対策で作られた CTP は，関連・非関連刺激と標的・非標的刺激の弁別作業を，両手のボタン押しで連続して求める複雑な課題である（Rosenfeld et al., 2008；Meixner & Rosenfeld, 2011）。この CTP は，反応時間の遅れから妨害工作も検出できる優れた方法であるが，課題への積極的関与を必要とするため，テロリストなどの組織犯罪に属するメンバーの検査には適用が困難と予測される。

　そこで，筆者らは，テログループのメンバーが検査に協力的でないことを想定して，聴覚・視覚同時呈示法を用いた受動的パラダイムによる CIT を実施した（平ら，2019）。実験者側が模擬テロ攻撃シナリオで設定した都市名（東京），施設名（雷門），決行日（11 月 3 日）を割り当て，20 名の実験参加者に CIT を実施した結果，それぞれチャンスレベル以上，施設名の雷門では 80％（20 名中 16 名）の正検出率が得られた。筆者は 2017 年度から 3 年間，科研費で「国際テロおよび組織犯罪の未然防止に向けた事象関連電位による探索型情報検出の確立」（課題番号 17K04475）の研究に着手している。今後も，実験参加者が模擬テロシナリオを作成したり，2 人以上のグループで考えたり，模擬的に作成したシナリオを届けるなどの方法も導入して，検討を進めていく。

(4) 視線計測などの新たな試みと倫理的配慮

　このほか，ランクリ-ダイヤン（Lancry-Dayan et al., 2018）は，CIT に基づく視線計測による，親しい人の顔の検出の可能性を検討した。まず，第 1 刺激である 4 枚の顔写真を同時に 5 秒呈示後，第 2 刺激である 1 枚の顔写真を 3 秒後に呈示して，先の 4 枚のなかにあったかどうか判断する短期記憶課題を用いた結果，4 枚の顔写真を呈示した際に，親しい人の顔は最初の 1 秒以内に視線を送るのみであったが（すぐに判断できて顔の特徴を記憶する必要がないため），親しくない人の顔の検索は，その後も顔の特徴を記憶するために 4 秒間続いた。つまり，この実験パラダイムにより，最初の 1 秒とその後の 4 秒の視線配分で，親しい人の顔の検出ができることが見出された。

　彼女らはさらに，親しい人を検出されないように教示する隠匿課題，最初に親しい人の顔に視線を向けずに，4 枚に同じ程度の視線を送ることを教示する妨害工作課題の 2 条件でも検討した結果，短期記憶課題と同じ傾向が認められ，CIT に基づく視線計測によるテロリストグループのメンバー検出にも，利用できる可能性を報告した。

　このような従来の末梢神経系指標による CIT，中枢神経系指標である P300 による CIT，サーモグラフなどの皮膚温や視線計測による CIT の結果，テロの計画を把握することができれば，周辺区域の立ち入り規制を実施したり，警察官の配置を増やしたり，カメラによる顔認証や歩容認証でテロリストを検出したり，テロ対策を強化することが可能となる。ただし，現在の実務でのポリグラフ検査が，被検査者の実験同意書の承諾を得て実施しているように，あくまでも強制的検査ではなく，倫理的配慮も考えて運用することが求められる。

【文　献】

Ben-Shakhar, G. (2012) Current research and potential applications of the concealed information test : An overview. *Frontiers in Psychology*, **3**, 1-11.

Ben-Shakhar, G. & Furedy, J. J. (1990) *Theories and applications in the detection of deception : A psychophysiological and international perspective*. Springer-Verlag.

Cacioppo, J. T., Tassinary, L. G., & Berntson, G. G. (2007) *Handbook of psychophysiology* (3rd ed.). Cambridge University Press.

CBC News (2011) "Winnipegger heads to NY for 9/11 memorial". Updated : September 9, 2011. [https://www.cbc.ca/news/canada/manitoba/winnipegger-heads-to-ny-for-9-11-memorial-1.991431] (2019 年 3 月 2 日確認)

Elaad, E. (2016) Extracting critical information from group members' partial knowledge using the searching concealed information test. *Journal of Experimental Psychology : Applied*, **22**, 500-509.

Farwell, L. A. & Donchin, E. (1991) The truth will out : Interrogative polygraphy ("lie detection") with event-related brain potentials. *Psychophysiology*, **28**, 531-547.

Gołaszewski, M., Zajac, P., & Widacki, J. (2015) Thermal vision as a method of detection of deception : A review of experiences. *European Polygraph*, **9**, 5-24.

平　伸二 (2005) 虚偽検出に対する心理学研究の貢献と課題. 心理学評論, **48**, 384-399.

平　伸二 (2009) 脳機能研究による concealed information test の動向. 生理心理学と精

神生理学，**27**，57-70.

Hira, S. & Furumitsu, I. (2002) Polygraphic examinations in Japan : Application of the guilty knowledge test in forensic investigations. *International Journal of Police Science and Management*, **5**, 16-27.

平　伸二・中山　誠・桐生正幸・足立浩平（2000）ウソ発見——犯人と記憶のかけらを探して．北大路書房

平　伸二・植田善博・濱本有希（2019）模擬テロ攻撃シナリオ課題による受動的パラダイムを用いた探索型隠匿情報検査——事象関連電位による検討．福山大学人間文化学部紀要，**19**，37-44.

本間圭一（2015）パリ同時テロ 120 人死亡．読売新聞 11 月 14 日夕刊，1.

法務省法務総合研究所編（2018）犯罪白書平成 30 年版——進む高齢化と犯罪．昭和情報プロセス

井樋三枝子（2006）9・11 同時多発テロ事件以後の米国におけるテロリズム対策．外国の立法，**228**，24-40.

警察庁警備局（2019）官民一体となったテロ対策．[https://www.npa.go.jp/bureau/security/terrorism/terotaisaku.html]（2019 年 3 月 2 日確認）

国家公安委員会（2016）警察白書平成 28 年版——特集：国際テロ対策．日経印刷

Lancry-Dayan, O. C., Nahari, T., Ben-Shakhar, G., & Pertzov, Y. (2018) Do you know him?: Gaze dynamics toward familiar faces on a concealed information test. *Journal of Applied Research in Memory and Cognition*, **7**, 291-302.

Meijer, E., Bente, G., Ben-Shakhar, G., & Schumacher, A. (2013) Detecting concealed information from groups using a dynamic questioning approach : Simultaneous skin conductance measurement and immediate feedback. *Frontiers in Psychology*, **4**, 68.

Meijer, E., Smulders, F., & Merckelbach, H. (2010) Extracting concealed information from groups. *Journal of Forensic Sciences*, **55**, 1607-1609.

Meixner, J. B. & Rosenfeld, J. P. (2011) A mock terrorism application of the P300-based concealed information test. *Psychophysiology*, **48**, 149-154.

音成龍司・黒田康夫・柿木隆介・藤山文乃・鑓田　勝（1991）視覚刺激による課題非関連性事象関連電位——電子スチル写真を用いた新しい刺激法の提案．脳波と筋電図，**19**，25-31.

Osugi, A. (2011) Daily application of the concealed information test : Japan. In B. Verschuere, G. Ben-Shakhar & E. Meijer (Eds.), *Memory detection : Theory and application of the concealed information test*. Cambridge University Press, pp.253-275.

Pavlidis, I., Eberhardt, N. I., & Levine, J. A. (2002) Seeing through the face of deception. *Nature*, **415**, 35.

Pollina, D. A., Dollins, A. B., Senter, S. M., Brown, T. E., Pavlidis, I., Levine, J. A., et al. (2006) Facial skin surface temperature changes during a "concealed information" test. *Annals of Biomedical Engineering*, **34**, 1182-1189.

Rosenfeld, J. P., Labkovsky, E., Winograd, M., Lui, M. A., Vandenboom, C., & Chedid, E. (2008) The Complex Trial Protocol (CTP): A new, countermeasure-resistant, accurate, P300-based method for detection of concealed of concealed information. *Psychophysiology*, **45**, 906-919.

田多英興・山田冨美雄・福田恭介 (1991) まばたきの心理学——瞬目行動の研究を総括する．北大路書房

鶴ヶ崎怜之 (2018) 車両突入によるテロ——"easy-to-use tools" が真の凶器となる脅威．国際テロ研究会編著　別冊治安フォーラム——国際テロリズムの潮流．立花書房，pp.34-49.

Verschuere, B., Ben-Shakhar, G., & Meijer, E. (Eds.) (2011) *Memory detection : Theory and application of the concealed information test.* Cambridge University Press.

第7章

国家が主導する
テロリズム

［大上　渉］

1.　はじめに

　夭折の作家，伊藤計劃(けいかく)（2007）は，秀作『虐殺器官』を遺した。物語の主人公は，アメリカ情報軍特殊検索群 i 分遣隊（架空の部隊）の大尉，クラヴィス・シェパード。彼は自らの所属部隊を「アメリカ合衆国首狩り部隊」と揶揄(やゆ)する。彼の部隊には，敵対国家の要人やテロリストなどを特定して追跡し，殺害する任務が課せられているからだ。物語の序盤，世界各地で相次ぐ大量虐殺事件に，ある1人の言語学者が関与していることが明らかになる。奇異なことに，その男が訪れた国では大量虐殺が必ず発生する。彼が内戦や紛争を扇動しているらしい。そこで，政府の命令により，シェパードらの i 分遣隊はその言語学者の殺害を試みる……。

　『虐殺器官』が取り扱うテーマのひとつは，国家による暗殺である。現実世界においても，2006 年 11 月のリトビネンコ氏暗殺事件や，2017 年 2 月の金正男氏暗殺事件などのように，国家による暗殺はたびたび露見している。

　国家による暗殺や破壊工作などは，国家の安全保障における脅威の除去，あるいはテロに対する報復などの目的のもとに，適切な法の刑罰手続きを踏むことなく国家機関が計画し，その機関員が執行する（杉本，2018）。した

がって，広く解釈すれば次節で述べる国家テロリズム（安部川，2011；公安調査庁，1998；Post，2002）に含められると考えられる。

　そこで本章では，国家テロリズムや国家機関による秘密活動などについて述べた後，近年，メディアでの出現頻度が増加している（杉本，2018）国家機関による暗殺，「標的殺害（targeted killing）」の実行性やその諸問題などについて取り上げる。

2. 国家テロリズムの定義

　国家が主導するテロリズム（以下，国家テロ）について，その定義をいくつか紹介する。

（1）ポストによる定義

　政治心理学者のポスト（Post，2002）によると，テロ組織は，目的や動機，意思決定の構造などが組織ごとに異なり，そこに着目することで組織を分類できる（**図7-1**）。

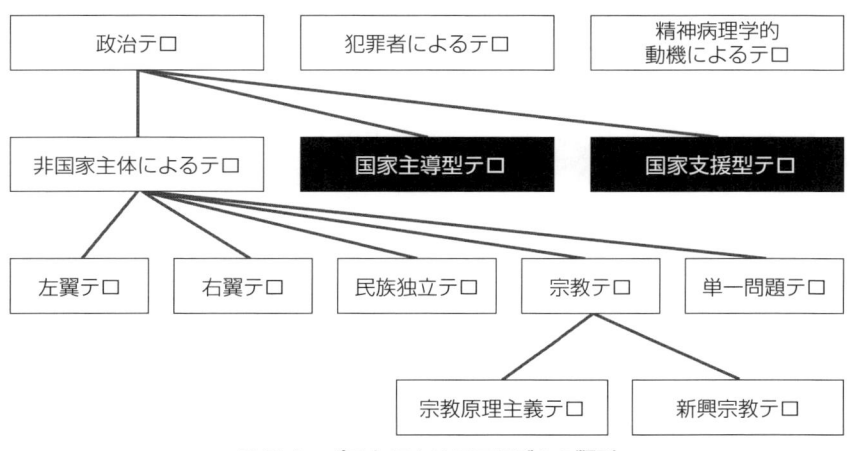

図7-1　ポストによるテロリズムの類型

（Post，2002；横田，2011をもとに著者作成）

　まず，テロは「政治テロ」「犯罪者によるテロ」および「精神病理学的動
機によるテロ」の3つに分類できる。さらに，「政治テロ」はその主体の違
いによって，「非国家主体によるテロ」「国家主導型テロ」そして「国家支援
型テロ」の3つに分類される。「国家主導型テロ」は，国家機関が直接実行
するテロの形態であり，「国家支援型テロ」は国家機関が支援するなど，間
接的に関わるテロを指す。

　なお，「非国家主体によるテロ」は，さらに「左翼テロ」「右翼テロ」「民
族独立テロ」「宗教テロ」および「単一問題テロ」（たとえば，環境問題や妊
娠中絶反対など）に分かれる。

(2) 公安調査庁による定義

　法務省の外局である公安調査庁は，情報官庁であり，公共の安全に影響を
及ぼすと考えられる国内外の諸情勢に関する情報の収集および分析を担う。
その公安調査庁が刊行している『国際テロリズム要覧』の1998年版では，
テロの定義を「テロリズムとは，国家の秘密工作員または国家以外の結社，
団体等がその政治目的の遂行上，当事者はもとより当事者以外の周囲の人間
に対してもその影響力を及ぼすべく非戦闘員またはこれに準ずる目標に対し
て 計画的に行った不法な暴力の行使をいう」としている。公安調査庁によ
るテロの定義は，実行主体としてまず「国家の秘密工作員」によるテロを挙
げているのが特徴であり（宮坂，2004），これが国家テロに該当する。

(3) 安部川による定義

　安部川（2011）はテロリズムの実行主体に着目し，主体が国家である類型
として，「国家テロリズム」と「国家支援テロリズム」があるとした。

　前者の国家テロリズムは，「主権国家自体が政治目的の遂行上から，敵対
する相手に対して行うテロリズムであり，戦争と異なり戦時国際法の適用が
なく『影の戦争』として当面，相手国への損害・打撃だけを目的としてい
る」と定義している。また安部川は，この国家テロリズムの例として，1983

年 10 月に北朝鮮工作員が韓国に対して行ったラングーン爆弾事件や，1988
年 12 月にリビア情報機関工作員が米国に対して行ったパンナム機 103 便爆
破事件などを挙げている。

　後者の「国家支援テロリズム」は，「国家によって扇動及び統制され又は
影響及び支持された国際テロであって，他国内の目標に矛先を向けたものを
指す。その際の影響及び支持とは，テロ活動が自己の利益となる場合の犯人
グループに対する武器，爆発物，訓練，交通手段，隠れ家といった物的支援
の供与及びイデオロギー上の援護射撃等が含まれる」（安部川，2011）として
いる。

3.　国家テロリズムと秘密活動

（1）秘密活動の定義

　国家機関による敵対国の要人やテロリストの殺害，または破壊工作などの
国家テロリズムは，諜報活動のひとつである秘密活動（covert action）とい
う範疇に含まれる。米国では，1991 年会計年度のインテリジェンス授権法
（合衆国法典第 50 編 413b（e））によって，CIA による秘密活動を法制化し
ており（新田，2003；Lowenthal，2009；杉本，2018；矢野，2015），そこでは以
下のように定義されている。

　　　「米国政府による，外国の政治，経済，軍事条件に影響を与える活動
　　　で，米国政府の役割が知られない，あるいは公には認められないように
　　　意図された活動」

　この定義に記述されているとおり，米国の秘密活動からは，米国の国務省
や国防総省などが公然と行う伝統的な外交や軍事活動などは除外されている
（杉本，2018；矢野，2015）。つまり，秘密活動は，外交以上，戦争未満の第三
の手段として実行される活動と言える（小谷，2012）。

(2) 秘密活動の種類

　ローエンタール（Lowenthal, 2009）は多岐にわたる秘密活動を，関与の否認可能性と，暴力の程度という視点で整理した（小林，2014；Lowenthal, 2009；杉本，2018）。ローエンタールによると，関与の否認可能性とは，秘密活動を行った政府がその関与と責任をもっともらしく否認できる程度を意味している。秘密活動は暴力の程度が高まるほど露見しやすくなり，関与の否認も難しくなる（杉本，2018）。秘密活動の種類を否認可能性が高い順（暴力の程度が低い順）に紹介する（**図7-2**）。なお，各秘密活動の例は小林（2014）から引用している。

　① **プロパガンダ**（propaganda）──外国政府に打撃を与えるための偽情報の流布など。
　② **政治活動**（political activity）──外国の政党に対する秘密裡の財政的支援の実施など。
　③ **経済活動**（economic activity）──外国の経済を攪乱することを目的

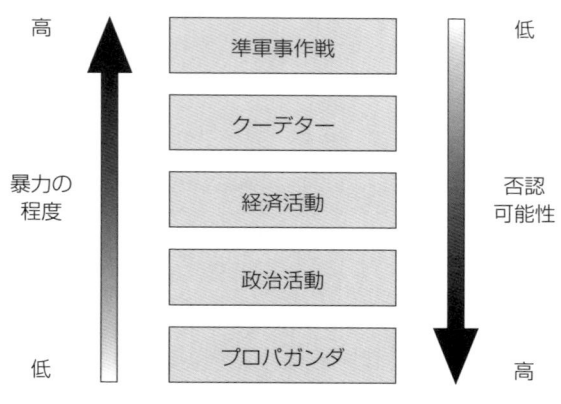

図7-2　ローエンタールによる秘密活動の梯子
（Lowenthal, 2009；杉本，2018 をもとに著者作成）

とした，偽造通貨の流通など。

④　**クーデター**（coups）──反体制組織のクーデター活動への，武器や
　経済的支援の供与など。

⑤　**準軍事作戦**（paramilitary operations）──諜報機関による外国に対
　する直接の軍事的活動など。

　このローエンタール（Lowenthal, 2009）の分類に従うと，他国における暗
殺や破壊工作などは準軍事作戦に相当し，相手国の主権侵害が最も激しい秘
密活動となる（杉本，2018）。

（3）秘密活動の事例

　これまで国家機関によって行われたと見なされている主要な国家テロ・秘
密活動を，**表7-1**（132-135 頁）に示す。このうち代表的な事例について，
その詳細を以下に述べる。各事例の抽出や事例の説明については，朝日新
聞，読売新聞，産経新聞などの新聞記事のほか，バーゾウハーとミシャル
（Bar-Zohar & Mishal, 2012）や，小谷（2009），清水（2004），杉本（2018）など
に基づいている。

① 2008 年 2 月「ムグニエ氏暗殺事件」（表 7-1, No.11）

　2008 年 2 月 12 日午後 10 時頃，シリアの首都ダマスカスにおいて，イス
ラム教シーア派組織ヒズボラ軍事部門幹部のイマド・ムグニエ氏が，自動車
爆弾によって殺害された。ムグニエ氏が車から降りた際に，そばに駐まって
いた車が爆発した。爆発した車はレンタカーであり，カーラジオの奥に遠隔
操作で起爆するプラスチック爆弾が仕掛けられていた。

　ムグニエ氏は，1983 年のレバノン・ベイルートにある米海兵隊司令部へ
の自爆テロ攻撃を指揮し，その後も 1985 年 6 月にアテネ発ローマ行きのト
ランスワールド航空 847 便をハイジャックするなど，数々のテロを指揮・実
行した。ムグニエ氏の殺害は，2002 年頃からイスラエルの諜報機関モサド
が検討していたとされ，モサド内の暗殺部隊「キドン」がこの作戦を実行し

表 7-1　国家機関が関わる代表的な秘密工作・標的殺害

No.	発生年月	事　案	発生国（発生場所）	関与を認めたもしくは関与が疑われる国
1	1978 年10 月	ゲオルギー・マルコフ暗殺事件	イギリス・ロンドン	ブルガリア旧ソ連（現ロシア）
2	1983 年10 月	ラングーン爆弾テロ事件	ミャンマー	北朝鮮
3	1987 年11 月	大韓航空機爆破事件	アンダマン海上空	北朝鮮
4	1988 年10 月	ジハド PLO 副司令官暗殺事件	チュニジア・チュニス	イスラエル
5	1988 年12 月	パンアメリカン航空103 便爆破事件	スコットランド上空	リビア
6	1997 年9 月	ハリド氏暗殺未遂事件	ヨルダン・アマン	イスラエル
7	1997 年11 月	李韓永（イハニョン）氏殺害事件	韓国・ソウル	北朝鮮
8	2004 年3 月	ヤシン氏殺害事件	パレスチナ自治区ガザ	イスラエル
9	2006 年11 月	リトビネンコ氏暗殺事件	イギリス	ロシア
10	2008 年8 月	ムハンマド・スレイマン将軍暗殺事件	シリア	イスラエル

関与が疑われる機関	ターゲット	攻撃手法	備　考
ブルガリア秘密警察 ソ連国家保安委員会 （KGB）	ジャーナリスト ゲオルギー・マルコフ	毒殺	リシン
北朝鮮人民軍 偵察局（現・偵察総局）	全斗煥大統領一行	軍用爆弾	クレイモア地雷
朝鮮労働党 対外情報調査部	大韓航空機	時限爆弾	
イスラエル諜報機関 （モサド） イスラエル海軍 1 個部隊 イスラエル陸軍 1 個特殊 訓練部隊	アブ・ジハド（パレスチナ解放機構・軍事部門副司令官）	射殺	
リビア情報機関	パンアメリカン航空機	時限爆弾	セムテックス
イスラエル諜報機関 （モサド）	ハマス政治部門幹部 ハリド・メシャール	神経ガス	
朝鮮労働党社会文化部 （現・内閣 225 局）の 工作員 2 名	1982 年に北朝鮮から韓国に亡命した李韓永氏（故金正日総書記の前妻・成恵林の甥）	射殺	頭部に銃撃
イスラエル軍	ハマス精神的指導者 アハマド・ヤシン	攻撃ヘリコプターによるミサイル攻撃	
ロシア連邦保安局 （FSB）	元 KGB 職員 アレクサンドル・リトビネンコ	お茶に混入された放射性物質	放射性物質ポロニウム 210
イスラエル海軍特殊部隊	シリア大統領国防軍事担当補佐 （核兵器開発の管理） ムハンマド・スレイマン将軍	射殺（狙撃）	

表7-1 つづき

No.	発生年月	事 案	発生国（発生場所）	関与を認めたもしくは関与が疑われる国
11	2008 年2 月	ムグニエ氏暗殺事件	シリア・ダマスカス	イスラエル
12	2010 年1 月	ドバイにおけるハマス司令官暗殺事件	アラブ首長国連邦・ドバイ	イスラエル
13	2011 年3 月	朴相学氏暗殺未遂事件	韓国・ソウル	北朝鮮
14	2011 年5 月	ウサマ・ビンラーディン氏殺害作戦（「ネプチューンの槍作戦」）	パキスタン・アボッターバード	米国
15	2011 年9 月	アンワル・アウ・アウラキ氏殺害作戦	イエメン	米国
16	2013 年11 月	ハキムラ・メスード氏殺害作戦	パキスタン	米国
17	2017 年2 月	金正男氏暗殺事件	ミャンマー	北朝鮮
18	2017 年2 月	アブ・カイル・マスリ氏殺害作戦	シリア	米国
19	2018 年3 月	元 GRU スパイ親子暗殺未遂事件	イギリス	ロシア

関与が疑われる機関	ターゲット	攻撃手法	備　考
イスラエル諜報機関 （モサド）	ヒズボラ幹部 イマド・ムグニエ	自動車爆弾	
イスラエル諜報機関 （モサド）	ハマス軍事部門の創設者 マフムード・マブフーフ	絞殺	
北朝鮮人民軍偵察総局	自由北韓運動連合代表・朴相学（脱北者）	毒殺	万年筆型毒針銃。暗殺計画を事前に察知した国家情報院の捜査員が取り押さえ未遂
米国中央情報庁（CIA） 米海軍特殊部隊チーム 6	ウサマ・ビンラディン	射殺	
米国中央情報庁（CIA）	アル・カーイダ幹部 アンワル・アウ・アウラキ	ドローン機による攻撃	ミサイル攻撃
米国中央情報庁（CIA）	アル・カーイダ幹部 ハキムラ・メスード	ドローン機による攻撃	ミサイル攻撃
北朝鮮国家保衛省， 同国外務省	金正男	神経剤	神経剤（VX）
米国中央情報庁（CIA）	アル・カーイダ幹部 アブ・カイル・マス	ドローン機による攻撃	ミサイル攻撃
ロシア連邦軍参謀本部情報総局（GRU）	元二重スパイのロシア人父娘 セルゲイ・スクリパル （元 GRU 大佐） ユリア・スクリパル	神経剤	神経剤（ノビチョク）

（朝日新聞，2017；読売新聞，2017；産経新聞，2016；Bar-Zohar & Mishal，2012；小谷，2009；清水，2004；杉本，2018 などをもとに著者作成）

たとされる。

② 2011 年 5 月「ウサマ・ビンラーディン氏殺害作戦」（同，No. 14）

2011 年 5 月 2 日午前 1 時，パキスタン北部アボタバードにある 3 階建ての邸宅に，2 機のヘリが低空で飛来した。ヘリには米海軍特殊部隊（SEALs）「チーム 6」のメンバー25 名が分乗しており，降下後，邸宅を襲撃した。事前諜報によって，この邸宅には国際テロ組織アル・カーイダの最高指導者ウサマ・ビンラーディン氏が潜伏していると目されていた。襲撃時，邸宅内には 2 家族や側近ら 17 人がいたが，抵抗したため銃撃戦となり，ビンラーディン氏の息子 1 人，側近 2 人などが殺害され，ビンラーディン氏自身も頭部を打ち抜かれて殺害された。ビンラーディン氏の遺体はヘリに積み込まれ，航空母艦カールビンソンに運ばれた。遺体外表の検査や DNA 型鑑定などにより，ビンラーディン氏本人であることが確認された。

③ 2017 年 2 月「金正男氏暗殺事件」（同，No. 17）

2017 年 2 月 13 日，マレーシアのクアラルンプール国際空港において，北朝鮮民主主義人民共和国（以下，北朝鮮）の金正恩朝鮮労働党委員長の異母兄である金正男氏が，2 名の女性（インドネシア国籍の 20 代女性および，ベトナム国籍の 30 代女性）により，神経剤 VX を顔面に塗布され殺害された。この事件には，上述の女性 2 名以外にも，北朝鮮国籍の男 4 名が関与したとされている。

2017 年 2 月 27 日に韓国の情報機関である国家情報院は，金正男氏の殺害には北朝鮮の国家保衛省と外務省の職員が関わったとし，金正恩朝鮮労働党委員長によって組織的に行われた国家主導テロであると，韓国国会に報告した（読売新聞，2017）。

④ 2018 年 3 月「元 GRU スパイ親子暗殺未遂事件」（同，No. 19）

2018 年 3 月 7 日，英国ソールズベリー市の商業施設において，かつてロシア軍参謀本部情報総局（GRU）の将校であったセルゲイ・スクリパル元大佐（当時 66 歳）と娘（当時 33 歳）が，意識不明の状態で発見された。親子の自宅玄関ドアに神経剤ノビチョクが塗布され，それに触れたものとみら

れる。親子は幸いにも一命を取り留めた。その後の捜査により，英国政府は事件当日，観光目的で現地を訪れたというロシア人男性2名を被疑者として特定した。両名とも GRU に所属し，1名は大佐，もう1名は軍医であるとされている。

　この事件を受け，英国をはじめ米国，EU，オーストラリア，カナダなどの30カ国が，150名もものロシア外交官を国外追放処分にし，ロシア側も欧米外交官200名を国外追放処分とするなど，欧米とロシアで外交官国外退去の応酬が続いた。

(4) 国家テロ・秘密活動の実行主体

　上述した事例を見てもわかるとおり，多くの国家において，秘密活動は諜報機関が担う。その理由として，諜報機関は秘密そのものを取り扱うことが主務の政府機関であること（小谷，2012），また米国に限って言えば，秘密活動を実行しうる機関が CIA 以外に存在しなかったこと（小林，2014）などが挙げられる。

　さらに，小林（2014）によれば，CIA が秘密活動を担うことになったその他の理由として，設立当初，政府内での立場が弱かった CIA は，秘密活動に積極的に従事することで政府内での発言力を向上させる狙いがあったとしている。

4.　標的殺害（ターゲテッド・キリング）

(1) 標的殺害の定義

　本節では，さまざまな実行形態が存在する国家テロ・秘密活動のうち，標的殺害（targeted killing）に焦点を当てる。

　米国による標的殺害の実態を明らかにするとともに，そのさまざまな問題について論じた杉本（2018）は，標的殺害を「政府が国家安全保障上の脅威と見なす特定の個人を選別し，政府機関員が上層部の承認を得て，刑事手続

きを経ないで実行する故意の殺害」と定義した。端的に言えば，国家機関が安全保障上の脅威と見なす個人を特定・選別し，追跡して狙い討ちにする戦術と述べている。

標的殺害は，時として政策決定者にとって最善の選択肢になる。日本における国際テロ対策の第一人者である松本（2008）は，テロ対策の文脈において，標的殺害が必要とされる理由を次のように説明している。それによると，テロリストのなかには放置しておけばテロを繰り返す危険性が高い者がいる。しかしながら，現地政府が逮捕に消極的な場合，あるいは拘束するだけの作戦能力を有していない場合には，身柄拘束を目標とする作戦実施は難しくなる。さらに，身柄を拘束する作戦を実行することによって，味方の損害や付随的犠牲が大きいと判断される場合には，標的殺害が選ばれることもある。

このように標的殺害は，逮捕，起訴，裁判といった刑事訴訟手続きの枠組みによる対処が極めて困難であり，かつ他の代替手段もない状況下における最後の手段，と位置づけられている（杉本，2018）。

（2） 標的殺害と暗殺の違い

標的殺害は暗殺とは異なるのだろうか。そもそも，米国政府はフォード大統領政権の 1976 年から，大統領令（EO：Executive Order）によって暗殺を禁止している。それによって，政府職員による政治的暗殺の関与，もしくは関与の共謀は禁じられ，現在に至るまで効力を有している（小林，2014；小谷，2012；Lowenthal，2009；杉本，2018）。

しかしながら，2001 年の 9.11 同時多発テロ事件を境に大統領令の解釈が改められ，標的殺害と言い換えることにより暗殺の正当化が図られた。米国政府によれば，9.11 テロ事件は犯罪行為ではなく戦争行為であり，アル・カーイダなどのテロ組織と戦争状態にあるとしている。したがって，ウサマ・ビンラーディンなどのテロリストは敵対する軍事組織の一員であり，彼らに対する標的殺害も合法な軍事作戦の一環であることから，暗殺には該当しな

いと見なした（小林，2014；Lowenthal，2009；杉本，2018）。

　学術領域においても，標的殺害と暗殺は区別されている。「暗殺」という言葉は，違法で不当な殺害といったダーティなイメージを喚起させる，バイアス価が高い用語とも言える。したがって，国家による暗殺を客観的に分析するにあたっては，バイアスによる価値判断の歪みを回避する必要がある。そこで，暗殺と可換可能で，より価値中立的な用語と言える「標的殺害」が用いられている（杉本，2018）。

(3) 行動パタンから見た秘密活動や標的殺害

　第 5 章において，イスラム過激派や日本の左翼過激派などのテロ組織には，各組織固有の行動パタンが見られることを指摘した。各テロ組織の行動パタンと同様に，国家機関による秘密活動や標的殺害にも，同様の傾向が見られるかもしれない。しかしながら，国家は秘密活動への関与を否定することが常であることから，それを実証的に検証することは極めて難しい。ただ，報道などを通じて洩れ伝わる諜報関係者の談話などからは，各国の諜報機関には得意とする秘密活動があり，そのターゲットや手法・手口などに基づいて実行組織を推定していることがうかがえる。

　たとえば，**表 7-1** の No.11 として取り上げた，ダマスカスにおけるヒズボラ幹部ムグニエ氏の暗殺事件では，自動車の座席に爆弾が仕掛けられていた。その手口は，イスラエルの諜報機関モサドが好んで用いる殺害手法と類似しており，ヒズボラは事件直後からモサドの関与を疑っていたと伝えられている（読売新聞，2008）。

　また，北朝鮮工作機関が関与したとされる謀略工作を概観すると，「女性」と「毒物」という共通点が浮かび上がる（読売新聞，2017）。女性については，1987 年の大韓航空機爆破事件において，女性工作員である金賢姫（キムヒョンヒ）が機内に爆発物を持ち込んでいる。また，2017 年の金正男氏暗殺事件においても，2 名の女性が殺害の実行役を果たしている。謀略工作に女性を用いる理由として，女性は警戒されにくく，作戦を確実に成功させ

るためだと考えられている（読売新聞，2017）。

　殺害に毒物を用いることも，北朝鮮工作機関の特徴とされている（中央日報，2017）。金正男氏の殺害には神経剤 VX が用いられたが，2011 年の朴相学氏暗殺未遂事件においても，万年筆に仕込まれた毒針を用いて殺害が図られた。朝日新聞（2017）によれば，毒物はごく少量でも死に至らせることができ，空港の保安検査でも発見されにくい。加えて毒物で殺害した遺体には目立つ外傷もなく，死因もすぐには判明しにくい，というメリットがあるという。

（4）秘密活動や標的殺害の評価方法

　秘密活動や標的殺害などが，果たして国家に有益な成果をもたらすのか，そのことを適切に評価することは想像以上に難しい（小林，2014；Lowenthal，2009；杉本，2018）。仮に，あるテロ組織の指導者の殺害に成功したとしても，作戦に参加した特殊部隊員に多くの死傷者や，作戦に付随して一般市民などに多くの犠牲者が生じる可能性などが考えられる。また，指導者を殺害できたとしても，その組織が崩壊・壊滅するとは必ずしも限らない。たとえば，新たな指導者が組織を継承し，以前よりも過激な組織となる可能性や，報復を目的としたテロ攻撃が激化する可能性なども考えられる（小林，2014；Kober，2007；Lowenthal，2009；杉本，2018）。

　このように，秘密活動や標的殺害はそれらがもたらす成果を予測することが極めて難しく，不確実性の高い手段であるとも言える。また，何をもって有益な成果が得られたかと判断する基準や評価項目を設けることが難しく，評価のルールは確立していない（Lowenthal，2009）。

（5）標的殺害の実行性に関する定量的研究

　その一方で，テロ研究の文脈においては，テロ組織に対する標的殺害の効果を定量的に測定し（Byman，2006；Price，2012；2019），標的殺害がテロ対策の有効な手段になりうるか検証する試みが行われている。たとえば，ある

テロ組織のメンバーに対し標的殺害を行った場合，その後に行われるテロ攻撃の回数や，その攻撃による犠牲者数を従属変数とした研究（Byman, 2006）や，標的殺害が行われたテロ組織のその後の生存期間（活動期間）や生存率などを従属変数とした研究（Price, 2012, 2019）などがある。

① ハマスに対する標的殺害の効果検証

　外交政策・国際安全保障を専門としているダニエル・バイマン（Byman, 2006）は，第 2 次インティファーダ期間中にイスラエルが行った標的殺害の効果を，記述統計によって定量的に検証した。インティファーダとは，イスラエルに対するパレスチナの抵抗運動のことをいい，これまでに二度発生している。

　第 2 次インティファーダは，2000 年 9 月にイスラエルのシャロン外相（当時）が，エルサレム内にあるイスラム教徒の聖域（アルアクサ・モスク）を訪問したことで発生した。それにより，1,047 名ものイスラエル人が死亡し，7,520 名が負傷した。イスラエル政府は標的殺害を，インティファーダに対抗するための正当な戦術と公言しており（杉本, 2018），ガザ地区などにおいて，ハマスの政治的指導者（たとえば，ハマスの創始者であり精神的指導者でもあったヤシン師や，その後継者であるランティシ師）や，軍事部門の司令官などを次々と殺害した。

　バイマン（Byman, 2006）は，2000 年以降のハマスによるテロ攻撃の回数と，テロによるイスラエル側の死者数，そして攻撃 1 回あたりの死者数を調べた（**図 7-3**）。イスラエルがハマスに対する標的殺害を進めるにつれ，その報復と見られるハマスによるテロ攻撃の回数も増加している（**図 7-3 左側**）。しかしながら，ハマスによる攻撃回数が増えるのに相反して，イスラエル側の死者数は激減している（**図 7-3 左側**）。さらに，攻撃 1 回あたりの死者数は，2002 年の 5.4 人をピークに，2003 年は 0.98 人，2005 年には 0.11 人までに低下している（**図 7-3 右側**）。このデータから，イスラエルによる徹底した標的殺害によって，ハマス側の作戦能力が低下したことが示唆される（松本, 2008）。

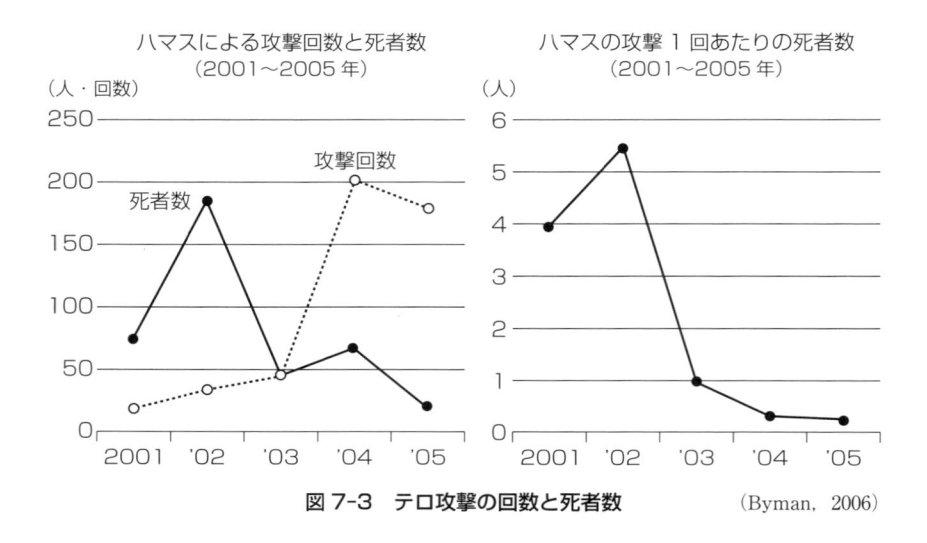

図7-3　テロ攻撃の回数と死者数　　　（Byman, 2006）

　バイマン（Byman, 2006）は，ハマスの作戦能力が低下した理由について，次のように説明する。まず，ハマスといえども高度な技能，たとえばメンバーの勧誘や彼らの養成・訓練，身分証などの偽変造技術，爆弾の製造，作戦指揮能力などを有した熟練テロリストは，そう多くは擁していない。イスラエルによる標的殺害のペースに，殺害されたメンバーの補充や新メンバーの熟練・習熟などが追いつかず，ハマスの作戦能力が低下したと考えられる。また，間断なく続けられる標的殺害は，ハマスのメンバーの行動や，メンバー間の連絡・接触を著しく制限することになる。ハマスのメンバーは多くの労力や時間を，報復テロの計画立案やその実行よりも，自らが生き延びるための逃亡や潜伏に費やさざるを得なくなる。つまり，標的殺害の脅威によってテロリストは潜伏場所に身を潜め続けることになり，それが組織内のコミュニケーションを途絶えさせ，作戦能力も低下させることにつながると述べている。

② テロ組織指導者排除の効果検証

　一方，ウエスト・ポイント（米陸軍士官学校）のテロ対策センター長を務

め，現在はシートン・ホール大学のリーダーシップ研究所長であるブライア
ン・プライスは，テロ組織のリーダーシップ研究について取り組んでいる。
プライス（Price, 2012）によると，テロ組織は企業や官公庁などの一般的組
織と比べると，指導者の継承が難しい特殊な組織形態であるという。指導者
継承が困難な理由として以下の３つ，すなわちテロ組織の①暴力性，②秘密
性，③価値観を挙げている（**表 7-2**）。これらの特徴は，テロ組織内におい
て指導者の重要性や影響力を際立たせる重要な要因でもあるが，それと引き
換えに後継者への継承を困難にし，組織の混乱や崩壊を招く要因でもあると
いう。
　したがって，プライス（Price, 2012, 2019）は，テロ組織との戦いにおい
ては標的殺害を含む指導者の排除が，最も効果的な戦術であると主張してい
る。その妥当性を検証するために，プライス（Price, 2012）は Cox 回帰分析

表 7-2　テロ組織の指導者継承が困難な 3 つの理由

理　由	特　徴	継承時の弊害
①テロ組織の暴力性	・成員には暴力の実行と犠牲になる覚悟が求められる。 →テロ組織は一般的組織よりも凝集性高い。	成員の支持獲得や組織の統率に，指導者にはカリスマ性が求められるが，後継者による継承が難しくなる。
②テロ組織の秘密性	・組織の防衛・作戦遂行のため秘密保持徹底。 ・組織全容・制度・活動方法をあえて明確にしない。 →組織の不確実性が高まり，生存性も高まる。	徹底した秘密保持が仇となり，システマティックな継承が難しくなる。また組織内での学習，意思決定，作戦遂行などにも悪影響を及ぼす。
③テロ組織の価値観	・テロ組織はカルト教団や親睦団体のように，ある特定の価値観に基づいて結成された組織。 →一般企業や麻薬カルテルのような利益追求組織よりも不確実性が高まり，生存性も高まる。	指導者には成員をひきつける変革のためのスキルや信念，戦略が求められるが，それと引き換えに指導者の継承も難しくなる。

（Price, 2012）

を用いてテロ組織指導者排除の効果を検証した。調査対象は，1970〜2008年までの間に65カ国で活動した207のテロ組織である。独立変数は，標的殺害を含む指導者排除の方法（殺害，捕縛，捕縛後に殺害）や，組織の規模，イデオロギー，競合組織・同盟組織の有無などであり，標的殺害や拘束などで指導者の排除が行われたテロ組織と，行われなかった組織の存続期間（生存期間）や存続率（生存率）などを比較して，指導者排除の効果を検証した。

　検証の結果，指導者排除の効果に関してさまざまな知見が得られた。まず，プライスの予測どおり，指導者が排除されたテロ組織は，排除の方法によっても多少異なるが，排除されなかったテロ組織よりも3.6〜6.7倍，組織が崩壊・壊滅しやすかった。特に，テロ組織の結成直後に指導者の排除が行われると組織が崩壊しやすくなり，結成1年以内の組織の指導者に対し標的殺害や捕縛などを行えば，組織が崩壊する確率が約8.8倍高まることが示された。また，テロ組織の指導者を排除する方法，すなわち①殺害，②捕縛，③捕縛後に殺害は，いずれの方法であってもテロ組織が崩壊・壊滅する確率を大幅に高めることが示された。

　ほかにも，指導者排除の効果はテロ組織の規模の大小にかかわらず認められ，特に宗教的テロ組織に対しては，民族主義的テロ組織と比べ5倍の効果があることが示された。プライスによると，宗教的テロ組織の指導者は他のテロ組織の指導者と比べ，組織の目標や戦略を立案し，説明することにより，重要な役割を担っていることがその理由としている。

　以上のプライスによる検証結果から，標的殺害も含めてテロ組織の指導者を排除する戦術は，効果的なテロ対策であることが示唆された。

　なお，テロ組織と同様に，麻薬カルテルのような犯罪組織も暴力的で秘密性が高い組織であるが，その指導者が殺害・捕縛されたとしても後継者が速やかに組織を引き継ぎ，混乱や組織能力の低下も生じない。その理由は，麻薬カルテルはテロ組織とは異なり，特定の価値観に基づいて結成された組織ではなく，利益を追求する組織であるからだとしている（Price, 2012）。

(6)　誰を殺害のターゲットにするのか

　標的殺害の実行性研究では，殺害するターゲットの選定とその効果，つまり誰を殺害すればその組織に最もダメージを与えられるのか，といったことも議論されている（Kober, 2007）。前節のプライス（Price, 2012, 2019）は，組織の指導者を排除することが効果的であると実証的に論じた。その一方で，組織の指導者をターゲットにするとしても，組織の政治・宗教部門の指導者を狙うのか，あるいは軍事部門の指導者を狙うのかといった議論がなされている。

　ザスマンら（Zussman & Zussman, 2005）はテロ組織の指導者を，①政治・宗教部門の指導者と，②軍事部門の指導者に区別した。そのうえで彼らは，後者の軍事部門指導者に対する標的殺害の有効性を主張した。その根拠として，政治・宗教部門の指導者を殺害しても，作戦遂行能力を低下させることはできない。それどころか，政治・宗教部門の指導者を殺害することは，「ゲームのルール」における禁じ手に等しい行いであり，組織のメンバーのみならず組織を支持する市民たちの怒りや憤りまで招き，報復テロの動機づけのみを高める結果になると述べている。

　その一方で，軍事部門の指導者を殺害することは，「ゲームのルール」で認められた一手であり，怒りや報復を招くこともない。さらに肝心なのは，軍事部門の指導者は，メンバーの勧誘，武装，作戦計画の立案などに関わっており，彼らを殺害することは組織の活動を混乱させ，作戦能力を低下させると論じている。

　他方，第2次インティファーダにおいて，イスラエル軍が積極的に繰り返した標的殺害作戦（Byman, 2006；Kober, 2007）では，「芝刈り機」法（"lawn mower"method）と呼ばれる戦術が採られていた。イスラエル軍は政治・宗教部門の指導者や軍事部門の指導者も殺害していたが，中心的ターゲットは，組織の末端とも言える地区担当の下級工作員であった（Kober, 2007）。**表7-3**に，イスラエル軍が行った標的殺害の記述統計を示す。

表7-3　イスラエル軍による標的殺害の記述統計（2000年9月〜2004年4月）

	件　数	割　合（%）
標的殺害の試み		
2001 年	40	25
2002 年	56	35
2003 年	44	28
小　計	159	100
※上記小計には 2000 年 9 月〜12 月及び 2004 年は 1 月〜4 月までの計 19 件も含む		
標的殺害の場所		
ヨルダン川西岸	110	69
ガザ地区	49	31
標的殺害の手段		
狙撃	75	50
対地制圧ヘリコプターのミサイル	54	31
爆発物（例，ブービートラップを仕掛けた車両）	22	17
その他	8	2
小　計	159	100
標的殺害の結果		
殺害	135	85
負傷もしくは生存	24	15
標的の分類（上級幹部か下級幹部か，軍事部門か政治部門か）		
下級の地区担当工作員	120	75
上級の軍事指導者	27	17
上級の政治的・思想的指導者	13	8

（Kober，2007，Table1 を著者一部改変）

　ザスマンら（Zussman & Zussman, 2005）が主張する軍事部門指導者に対する標的殺害の効果や，イスラエル軍が行った下級工作員を対象にした標的殺害について，コーバー（Kober, 2007）はどちらも効果に乏しい誤った方法だと論じている。コーバーは，軍事部門の指導者や末端の下級工作員よりも，組織の政治指導者や宗教指導者を殺害することのほうが効果的であり，実行性が高いと論じた。特に第 2 次インティファーダ期間内において，イスラエル軍が，ハマスの創設者ヤシン氏とその後継者ランティシ氏を立て続けに標的殺害したことは，その後の指導者たち（イスマーイール・ハニーヤ氏や，マフムド・アル・ザハル氏）に標的殺害に対する恐怖感を植え付け，イスラエルに対する敵対行為を一時的に停止させることに成功したと述べている。

5.　秘密活動や標的殺害が抱える諸問題

　すでに述べたとおり，標的殺害がテロリストに対抗しうる唯一の手段という場合がある。たとえば，自爆テロリストは捕縛しようとしても自爆され，警察官や兵士ばかりでなく，市民も巻き添えになる危険性が高い。松本（2008）は，イスラエル軍やロンドン警視庁では自爆テロリストへの対応として，起爆する前に無能力化，つまり射殺を認める政策を採っていることを紹介している。

　しかしながら，秘密活動や標的殺害は，当然ながらその合法性や倫理面などにさまざまな問題を抱えており，常に厳しい批判にさらされている（小林, 2014；小谷, 2012；Kober, 2007；Lowenthal, 2009；杉本, 2018）。たとえば，秘密活動や標的殺害が，国益の確保，あるいは国家安全保障上の脅威除去などを実現するうえで最善の選択肢であったとしても，国家が適正な刑罰手続きを経ることなく特定の個人を殺害することは許されるのか（杉本, 2018），また，他国政府の要人殺害や，他国の政党や反政府勢力に対する支援や介入などは，不当な内政干渉ではないのか（小林, 2014；Lowenthal, 2009），さらにターゲット選定に誤認の恐れや，政策決定者による恣意的な運用や乱用の

恐れはないのか（杉本，2018），といった簡単には解決しない問題がいくつも存在している。こうしたことからも，秘密活動，特に暗殺や標的殺害は生半可な覚悟で使える手段ではないとされている（松本，2008）。

　防衛省防衛研究所の元主任研究官（現・日本大学）であり，諜報研究の専門家である小谷（2012）は，その著書において，オーストラリア国立大学の国際政治学専門家トニー・アスキン（Erskine，2004）による諜報機関に勤務する者の倫理観に関する3類型を，以下のように紹介している。

　　① **現実主義者**──倫理観よりも国家の利益を優先するタイプ。
　　② **結果主義者**──手段・コストとその成果を，比較検討すべきとするタイプ。
　　③ **原理主義者**──非倫理的手法は禁止されるべきとするタイプ。

　これまでの諜報機関には現実主義者が多かったが，諜報機関内にも倫理観が広まり，秘密活動などに対する嫌悪感が共有されつつあることを指摘している。

【文　献】

安部川元伸（2011）国際テロリズム 101 問［第 2 版］. 立花書房

朝日新聞（2017）VX 使用，犯行解明の鍵正男氏殺害，北朝鮮組織の関与焦点．　2 月 25 日朝刊

Bar-Zohar, M. & Mishal, N.（2012）*Mossad : The greatest missions of the Israeli Secret Service*. Ecco.（上野元美訳〈2014〉モサド・ファイル──イスラエル最強スパイ列伝. 早川書房）

Byman, D.（2006）Do targeted killings work. *Foreign Affairs*. **85**, 95-111.

中央日報（2017）金正男氏を暗殺した北秘密工作，日本の陸軍中野学校が元祖. 3 月 13 日

Erskine, T.（2004）'As rays of light to the human soul'? : Moral agents and intelligence gathering. *Intelligence & National Security*, **19**(2), 359-381.

伊藤計劃（2007）虐殺器官. 早川書房

公安調査庁（1998）国際テロリズム要覧 1998 年版. 公安調査庁

小林良樹（2014）インテリジェンスの基礎理論 第 2 版．立花書房

Kober, A. (2007). Targeted killing during the second intifada : The quest for effectiveness. *Journal of Conflict Studies*, **27**(1), 76-93.

小谷　賢（2009）モサド――暗殺と抗争の 60 年史．新潮社

小谷　賢（2012）インテリジェンス――国家・組織は情報をいかに扱うべきか．筑摩書房

Lowenthal, M. M. (2009) *Intelligence: From secrets to policy*, 4th edition. CQ press.（茂田宏訳〈2011〉インテリジェンス――機密から政策へ．慶應義塾大学出版会）

松本光弘（2008）グローバル・ジハード．講談社

松本光弘（2014）国際テロ対策の手法と組織――テロ攻撃の阻止とテロリストの監視．関根謙一・北村　滋・倉田　潤・辻　義之・荻野　徹・島根　悟・高木勇人編　講座警察法 3．立花書房，pp.583-671.

宮坂直史（2004）日本はテロを防げるか．ちくま書房

新田紀子（2003）インテリジェンス活動に対する監査（oversight）制度．日本国際問題研究所平成 14 年度外務省委託研究　米国の情報体制と市民社会に関する調査，50-75.

Post, J. M. (2002) Differentiating the threat of chemical and biological terrorism: Motivations and constraints. *Peace and Conflict : Journal of Peace Psychology*, **8**(3), 187-200.

Price, B. C. (2012) Targeting top terrorists : How leadership decapitation contributes to counterterrorism. *International Security*, **36**(4), 9-46.

Price, B. C. (2019) *Targeting top terrorists : Understanding leadership removal in counterterrorism strategy*. Columbia University Press.

産経新聞（2016）猛毒ポロニウムはロシアの核閉鎖都市で製造されていた――暗殺国家の闇を浮き彫りにした戦慄の英報告書．1 月 25 日

清水　惇（2004）北朝鮮情報機関の全貌．光人社

杉本　宏（2018）ターゲッテッド・キリング――標的殺害とアメリカの苦悩．現代書館

矢野哲也（2015）米国の秘密活動と指揮権論争．国際公共政策研究，**20**，81-95.

横田賀英子（2011）テロリズム．越智啓太・藤田政博・渡邉和美編　法と心理学の事典――犯罪・裁判・矯正．朝倉書店，pp.270-271.

読売新聞（2008）イスラエルとレバノン国境再び緊張　ヒズボラが「報復」宣言　幹部暗殺で．2 月 22 日朝刊

読売新聞（2017）金正男氏殺害　「女性」「毒物」北の手口　偵察総局周到計画か．2 月 17 日朝刊

Zussman, A. & Zussman, N. (2005). *Targeted killings: Evaluating the effectiveness of a counterterrorism policy*. Bank of Israel, Research Department.

第8章

日本における
ハイジャックと
その分析

[入山　茂]

1. はじめに

(1) ハイジャックの定義

　ハイジャック（hijacking）という用語は航空機を乗っ取ることを連想させるが，正確には「銃やナイフ，爆弾などの武器を用いて航空機，船舶，バスなどの交通機関を乗っ取ること」（越智，2011, p. 274）である。欧米ではどの交通機関を乗っ取る場合でも，ハイジャックという用語が使用されている（大澤，2006）。

　本章では，移動性，交通の国際性が高い乗り物であり（大澤，2006），テロリズム（以下，テロ）やその他の犯罪の標的となりやすい航空機のハイジャック（以下，ハイジャック），特に日本のハイジャックとその分析事例を概観する。

(2) 世界におけるハイジャックの発生状況

　ハイジャックの対処については，1963年採択の「航空機内で行われた犯罪その他ある種の行為に関する条約」，1970年採択の「航空機の不法な奪取の防止に関する条約」により，世界的な合意が形成されている（中谷，

2007)。

　メラリ（Merari, 1998）は，1947～1996 年の期間に世界中で発生した民間
航空機の定期便，空港や航空会社事務所などへの襲撃事例を調査した結果，
民間航空機への襲撃 1,098 事例のうち 959 事例がハイジャックであったと報
告している。なお，メラリ（Merari, 1998）の論文内の図は 951 事例であっ
たが，影山（2000），大澤（2006）にならい，本章でも 959 事例を採用する。
メラリ（Merari, 1998））は 959 事例の 10 年単位での発生件数を分析した結
果，1967～1976 年の期間の 385 事例をピークとし，1987～1996 年の期間で
は 212 事例まで減少していると報告している。稲坂（2006）は，被害の多い
上位 25 カ国における 1931～2005 年 6 月 30 日の期間の発生件数を分析した
結果，2000 年代には 47 事例に減少していると報告している。

　しかし，2001 年 9 月 11 日に，イスラム教過激派組織アル・カーイダのテ
ロリストが航空機をハイジャックし，米国ニューヨーク市マンハッタンにあ
るワールドトレードセンター・ツインタワーや米国国防総省の本庁舎に航空
機を衝突させている（稲坂, 2006）。いわゆる，「9.11 米国同時多発テロ事件」
（以下，9.11 テロ事件）により，航空機がテロの標的となる可能性が引き続
き高いこと，航空機が凶器として使用されることを認識させられることと
なった。

　米国のニュース・チャンネルである CNN（2018）の報道によれば，英国ベ
ン・ウォーレス治安担当閣外相は，2018 年 12 月 28 日の会見で，国際テロ
組織「アル・カーイダ」の勢力が復活してきており，ヨーロッパ内で旅客機
を標的としたテロの機会を狙っている，との見方を示している。

（3）日本におけるハイジャックの発生状況

　日本におけるハイジャックの対処については，1970 年 5 月に制定され，
1978 年 5 月に最終改正された「航空機の強取等の処罰に関する法律」の第 1
条 1 のなかに，「暴行若しくは脅迫を用い，又はその他の方法により人を抵
抗不能の状態に陥れて，航行中の航空機を強取し，又はほしいままにその運

航を支配した者は，無期又は七年以上の懲役に処する」と規定されている（池田，2007）。

調査によって若干異なるが，たとえば稲坂（2006）によれば，日本の国際線・国内線の航空機やヘリコプターにおいて，1970年代に17事例，1990年代に3事例のハイジャックが発生している。影山（2000）によれば，テロリストまたは政治的過激派により実行された事例は1970年代に3事例が発生して以降，報告されていない。日本のハイジャック史上，最後のハイジャックは，1999年7月23日に発生した「全日空機61便ハイジャック事件」である。この事件では，犯人はコクピットに押し入り，副操縦士を追い出し，機長に操縦を代わることを要求している。その要求を断った機長は，犯人に包丁で刺され死亡している（影山，2000）。本章では，学問として日本のハイジャックの被害状況も分析するが，実際に機長の尊い命が失われたことは，決して忘れてはならない。

2.　日本におけるハイジャック対策の緊急性と，心理学による支援の必要性

(1) 2020年に向けたテロ対策の強化

2020年に東京でオリンピック・パラリンピック競技大会が開催されることが決定し，大勢の競技関係者や観光客の来日が見込まれている。日本政府は2013年12月の犯罪対策閣僚会議にて，「『世界一安全な日本』創造戦略」を閣議決定し（犯罪対策閣僚会議，2013），さらに，2015年に発生したシリアにおける邦人殺害事件を受け，テロ対策を強化している。

(2) 関係省庁におけるハイジャック対策の緊急性

2020年に向け，テロ対策に関わる関係省庁では，その取り組みの緊急性が一段と高まっている。たとえば警察庁は，2015年6月に「警察庁国際テロ対策強化要綱」を公表し，2020年までに推進していくべき重要課題の対

処方針を取りまとめている（警察庁，2016）。ハイジャックへの対処方針は，
「警戒警備」に関わる重要課題として，「経空テロ対策の強化」に分類されて
いる。具体的には，「ハイジャックされた旅客機のみならず，急速にその利
用が広まっている小型無人機による攻撃からも重要施設等を防護するため，
関係省庁と連携し，警察との協力を踏まえた施設管理者による重要施設等に
係る防護措置の強化を促進する」（警察庁，2015，p. 10）と明記されている。

　現在，警察では，空港において，航空機内へ凶器などの危険物の持ち込み
防止，不審者の発見のための保安検査場への警察官の配備，チェックインカ
ウンターなどにおける警戒を実施している（大石，2007）。近年では，ハイ
ジャックへの抑止力，発生時の航空機内での犯人の制圧・検挙を目的に，国
土交通省や航空会社などと緊密に連携し，警察官が航空機に警乗するスカ
イ・マーシャルの運用も開始している。また，ハイジャック，重要施設占拠
事案等の重大テロ事件などに出動し，被疑者を制圧・検挙する特殊部隊であ
る SAT（Special Assault Team）を，東京など大都市を抱える 8 都道府県
の警察に設置している（警察庁，2018）。

　航空行政を所管する国土交通省（2017）は，公共交通機関や重要インフラ
におけるテロ対策を重要課題と認識し，国土交通副大臣を座長とする「テロ
対策ワーキンググループ」，およびその下に，「ソフトターゲット・テロ対策
チーム」を設置している。航空機に対するテロの未然防止としては，たとえ
ば，2005 年 3 月までの空港警戒体制の最高水準を「レベル 1」として恒久
化，日本発国際線におけるすべての液体物の持込制限の実施，貨物ターミナ
ルへの常時監視員の導入，危険物や爆発物を探知するシステムを組み込んだ
手荷物搬送システムである，インライン検査システムの導入などを実施して
いる（国土交通省，2013）。

(3) ハイジャック対策への心理学による支援の必要性

　関係省庁によるハイジャック対策を支援するため，さまざまな学問分野で
研究が行われている。たとえば，預け入れまたは機内持ち込み手荷物内の，

危険物や爆発物の探知（たとえば，糸崎，2018）などの研究が行われている。では，本書のキーワードとなっている心理学は，どのような支援を行うことができるだろうか。

　バートルとバートル（Bartol & Bartol, 2011）は，広義には，ハイジャックの一部は人質事件に含まれると指摘している。人質事件とは，「物質的な利益を得る，社会政治的なメッセージを伝える，または個人的な優位性を確立するため，犯人がその意思に反して被害者を拘束し，利用すること」と，定義される（Bartol & Bartol, 2011, p. 60）。

　渡辺と横田（2004）は人質事件への対処について，①その発生頻度は多くはないこと，②万が一発生した場合は，犯人の心理や行動を予測し，即時に意思決定を行う必要があること，③対応を誤ると人質の生命に重大な影響を及ぼす可能性があることを挙げている。的確に対処するためには，過去に発生した人質事件を系統的に分析し，犯人の心理や行動特徴を把握しておくことの必要性を指摘している。これらの研究知見を活用することにより，新たに事件が発生した場合でも，事件現場の状況や犯人の行動から，たとえば人質への危険度，犯人への説得や交渉の方法，犯人が投降する可能性を予測することができると指摘している。

　ハイジャック対策に置き換えると，心理学は過去に発生したハイジャックにおける犯人の目的と人数（Merari, 1998），凶器，犯行手段，動機や精神・心理（影山，2000）に関わる問題を系統的に分析することにより，犯人の行動や心理を類型化することができる。発生頻度の少ないハイジャックに対して，警察，航空行政や航空会社が対処していくうえで，このような研究知見はハイジャックの未然防止または発生時の犯人の制圧に関わる，①戦略の策定，②意思決定，③行動の過程を支援することができる。実際，影山（2000）は，「全日空機61便ハイジャック事件」を受けて1999年に発足した，運輸省（現，国土交通省），国内航空会社の関係者や学識経験者から構成される「航空機保安対策懇談会」に，犯罪心理学の近接領域である犯罪精神医学の研究者として参加し，助言を行っている。

（4）　世界における心理学アプローチによるハイジャックの分析

　メラリ（Merari, 1998）は，1947〜1996 年の期間に世界中で発生したハイジャック 959 事例を対象に分析を行い，目的・動機を，「逃亡」「脅迫的な要求」「精神障害」「抗議」の 4 つに分類している。分析の結果，調査不明の事例を除く 854 事例における目的・動機の割合は，「逃亡」が 61%，「脅迫的な要求」が 21%，「精神障害」が 13%，「抗議」が 3% であった。

　メラリ（Merari, 1998）は，犯人をテロリストに限定した場合の分析も行った結果，166 事例における目的・動機の割合は，「逃亡」が 27%，「脅迫的な要求」が 51%，「抗議」が 5% であり，精神障害は見られなかった。ウィリアム（William, 2003）は，「9.11 テロ事件」などのテロを例に挙げ，テロリストが必ずしも心理・精神的な問題を抱えているわけではない，と指摘している。

　カンターとウィルソン（Canter & Wilson, 1991）は，1968〜1979 年の間に発生したハイジャック 20 事例を対象に，犯人の行動を分析している。彼らは犯罪者プロファイリングにおける分析手法を応用し，客室乗務員への脅し，銃の使用，人質や身体的な拘束などの 29 変数を抽出し，変数同士の類似性を二次元空間上に表示する最小空間分析（Smallest Space Analysis：SSA）や Multidimensional Scalogram Analysis（MSA）を行った。

　近年，カンターとヤングス（Canter & Youngs, 2009）は，カンターとウィルソン（Canter & Wilson, 1991）による最小空間分析の結果をもとに，犯人の行動を次のタイプに分類している。

　① 適応/犯罪型——交渉する，乗員・乗客の一部を解放する。一方で，乗客に攻撃的に発砲する傾向。
　② 保守/イデオロギー型——乗客にメッセージを与える。犯人自身が航空機の無線を使用し，航空管制を通じて他の当事者にメッセージを放送する傾向。

③ **統合/孤立型**——個人的な問題を抱え自暴自棄になっており，ハイ
ジャックを阻止しようとする行動などに，反応的に発砲する傾向。

④ **表出型**——刃物を所持する，身体・言語的に拘束する，眠りを妨げ
るためにライトを点滅させるなどして，乗員・乗客の士気を喪失させ
ようとする傾向。

3. 日本における心理学アプローチによる ハイジャックの分析

(1) 心理学・精神医学アプローチによる日本のハイジャック研究

　日本では，心理学アプローチによる研究として，越智（2011）が世界中で
発生したハイジャック事例を対象にレヴューを行い，ハイジャック犯の目
的・動機を，「輸送手段」「身代金」「政治」「心理・精神的な問題」に分類し
ている。なお，「輸送手段」とは，航路や目的地を変更させることを目的と
したハイジャックを指している。近年の日本のハイジャックは，心理または
精神的な問題が原因であると指摘している。

　補足であるが，稲坂（2006）はジャーナリストとして1931〜2005年6月
30日の期間に世界中で発生したハイジャック1185事例を分析した結果，
110事例が犯人の心理・精神的な問題が原因であり，そのうち約10%が日
本の関わった事例であると指摘している。世界と比較して日本では，犯人の
心理・精神的な問題が原因となる傾向にあると言える。

　入山と桐生（2016）は，稲坂（2006）が作成した日本籍旅客機のハイ
ジャック事件の一覧より抽出した，1970〜1999年の期間に発生した国内線
定期便ハイジャック16事例を対象に統計的な分析を行った。分析の結果，
まず，1970年代に発生したのは13事例，1990年代に発生したのは3事例で
あり，減少傾向にあった。次に，越智（2011）による目的・動機の分類と若
干異なるものの，「心理・精神的な問題」と「輸送手段」が大部分を占めて
いた。さらに，模造を含めて刃物，銃器，爆発物や金属製突起物を使用して

いた。

　精神医学アプローチによる研究として，大澤（2006）は 1970〜2004 年の期間に日本国内で発生したハイジャック 22 事例を対象に，精神鑑定の実施状況を調査している。調査の結果，7 事例で精神鑑定が実施されており，政治目的による組織的なハイジャック 3 事例を除いた 19 事例に占める精神鑑定の実施の割合は 37% であった。具的的な精神鑑定の実施内容については，たとえば，作田（2005）が，1974 年 7 月 15 日に発生した「日本航空 124 便ハイジャック事件」の犯人に対して実施された精神鑑定の内容を，詳細にレヴューしている。

　影山（2000）は，過去に日本で発生したハイジャック 21 事例を対象に，発生年次の推移，航空機の分類，発生頻度，犯人の性別・国籍，年齢，犯罪歴，目的・動機，精神障害，凶器，被害者について，非常に詳細な調査を行っている。紙幅の関係上，本章ではすべての分析結果の詳細を紹介することができないため，分析結果の一部概要のみ紹介する。

　航空機の分類では，東京，札幌，大阪など，大都市圏発の国内線定期便に集中していた。

　犯人の性別は，全員男性であり，国籍は大部分が日本人であった。しかし，単独犯のなかには外国人も少なからず含まれていた。

　犯罪歴では，政治的過激派によるハイジャックの犯人は，前科・前歴を有する者が多数を占めていた。しかし，調査不明が多く暫定的な分析結果であるものの，不明の 5 事例を除く単独犯 12 事例のうち，前科・前歴を有する単独犯は 3 事例のみであった。全員が暴力団関係者であり，未遂を含め窃盗，強盗，恐喝，暴行や殺人の前科・前歴があった。

　目的・動機は，政治的過激派による複数犯を除くと，単独犯では精神障害が最も多く，次に自殺目的が多かった。精神病，人格障害や神経症などの精神障害が新聞報道から疑われる，もしくは精神鑑定により明らかにされた事例は，単独犯 17 事例中 10 事例であり，58.8% を占めていた。

　凶器は，政治的過激派による複数犯の場合は，全事例で爆弾を所持してい

た。一方，単独犯の場合は，約半数の犯人がナイフなどの鋭器を所持していた。被害者はこれまで軽微な負傷者数名に留まっていたが，「全日空機 61 便ハイジャック事件」において，犯人に包丁で刺され，機長 1 名が死亡した。

(2) 近年の日本における心理学アプローチによるハイジャックの分析事例

① 航空危険物の分類基準を応用した，国内線定期便ハイジャックの分析

　入山ら（2017）は，入山と桐生（2016）の分析に，YOMIURI ONLINE のデータベースである『ヨミダス歴史館』を使用して「ハイジャック」のキーワードで検索収集した，1980 年代に航空機の強取等の処罰に関する法律の違反の疑いで緊急逮捕された 1 事例を加えて，再分析を行った。分析変数は，犯人の性別，人数，凶器の種類，ハイジャックの目的・動機であった。凶器の種類，ハイジャックの目的・動機が複数ある場合は，すべてを分析変数に含めた。

　入山ら（2017）は，実際に空港における旅客，手荷物，郵便や貨物の制限品の基準として使用されている，航空法第 86 条 1 項と航空法施行規則第 194 条 1 項に規定する航空危険物（国土交通省航空局，2009）の分類に基づき，凶器を第 1 分類：火薬類，第 2 分類：ガス類，第 3 分類：引火性液体，第 4 分類：可燃性物質，第 5 分類：酸化性物質，第 6 分類：毒物，第 7 分類：放射性物質，第 8 分類：腐食性物質，第 9 分類：その他の有害物質，第 10 分類：凶器に分類した。

　分析手法は，まず分析変数に関する情報を収集し，クロス集計した。次に，クロス集計した結果についてコレスポンデンス分析を行った。コレスポンデンス分析では，変数間の相関関係を二次元の布置図にマッピングした。原点に近接するものほど頻度の高い変数であり，近接する変数同士は類似し，離れた変数同士は異質であると解釈できる（足立，2006）。さらに，コレスポンデンス分析から得られた行・列データの第 1 軸，第 2 軸のスコアについて，データをグループに分類することを目的とした（足立，2006）クラス

表 8-1　日本の国内線定期便ハイジャック犯の特徴についてのクロス集計

	分析変数	1970 年代 (*n*=13)	1980 年代 (*n*=1)	1990 年代 (*n*=3)
犯人の性別	男性	13	1	3
	女性	0	0	0
犯人の人数	1 人	12	1	3
	3 人以上	1	0	0
目的・動機	政治目的	2	0	0
	輸送手段	9	0	3
	身代金目的	3	0	0
	自殺目的	1	1	1
	精神的・心理的な問題	7	0	3
航空危険物	第 1 分類：火薬（模造品を含む）	3	0	1
	放火（第 2 分類：ガス類，第 3 分類：引火性液体，または第 4 分類：可燃性物質の使用可能性）	1	0	0
	第 6 分類：毒物（模造品を含む）	0	0	1
	第 10 分類：凶器（模造品を含む）	10	0	3
	危険物なし	2	1	0

（入山ら，2017 をもとに著者作成）

ター分析（Ward 法）を行った。

　クロス集計した結果を**表 8-1** に示す。また，コレスポンデンス分析および クラスター分析を行った結果，得られた布置図およびクラスターの結合を **図 8-1** に示す。クラスターの結合は，楕円で囲むことにより表現した。ま た，**図 8-1** 内の「C」は Case（事例）を意味している。

　表 8-1 および**図 8-1** より，日本の国内線定期便ハイジャックは，単独 犯で，心理・精神的な問題，輸送手段や身代金を目的に実施され，第 1 分 類：火薬（模造品を含む），第 6 分類：毒物（模造品を含む），第 10 分類：

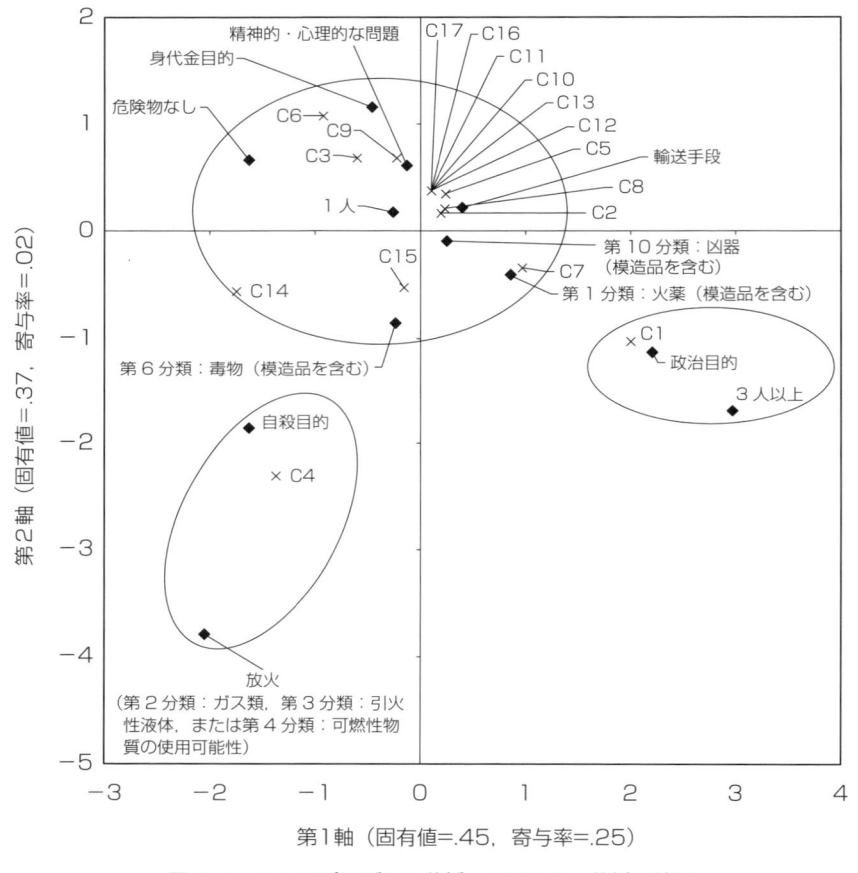

図 8-1　コレスポンデンス分析とクラスター分析の結果

（入山ら，2017 をもとに著者作成）

凶器（模造品を含む）が使用される傾向にあった。特に，「鉄砲，刀剣その他人を殺傷するに足るべき物件」（国土交通省航空局，2009，p.6）である第10分類：凶器は，17事例のうち13事例で使用されており，これらの定義に該当する手荷物を機内に持ち込ませないための対策が重要である。

　また，自殺を目的に実施された場合，3事例のうち1事例で放火行為が確認された。調査不明であるが，放火する場合，第2分類：ガス類，第3分類：引火性液体，第4分類：可燃性物質の使用可能性が考えられる。他の輸送形態であるが，2015年6月に新幹線内で男性がガソリン（第3分類：引火性液体）をかぶり，ライター（第2分類：ガス類）で火をつけ自殺を図っており，巻き込まれた乗客1名が死亡している。影山（2000）は，自殺目的で無理心中となるようなハイジャックに，注意を払う必要があると指摘している。

② 1990年代に発生した日本の国内線定期便ハイジャックの分析

　入山と桐生（2017）は，現在の社会環境に比較的近い1990年代の国内線定期便ハイジャック3事例を対象に，犯人属性，目的・動機に加え，目的・動機に関連すると思われる犯人の体験，「機内持込み・お預け手荷物における危険物の代表例」（国土交通省，2017）に基づく第10分類：凶器の詳細な分類，攻撃行動，被害者属性，被害者の死亡・受傷，乗務員・乗客による犯人の制圧について，記述統計による分析を行っている。分析の結果を**表8-2**に示す。

　表8-2より，犯人属性は全員が男性の単独犯であった。年齢に共通点は見られなかった。職業は休職中，元会社員，または職業不明であり，犯行当時，すべての犯人が仕事に従事していなかった可能性が示唆された。目的・動機に関連する犯人の体験は，経済的困窮，就職活動の失敗，社会の対応に対する不満が見られる一方，病気，宗教への興味関心も見られた。前者を犯人の社会的な体験，後者を犯人の個人的な体験に分類することができる。ハイジャックの目的はすべて，「輸送手段」および「心理・精神的な問題」であり，越智（2011）の指摘と合致するものであった。

　凶器は工具類とナイフ類であり，いずれも先端が鋭利な物件であった。攻撃行動は，凶器を使用して刺すという行動が見られた。被害者の死亡は1件，被害者の受傷は1件発生しており，被害者の死傷の危険性は低くはない。一方，身体的拘束は1件であり，単独犯では多数の乗務員・乗客の身体

表 8-2　1990 年代の日本の国内線定期便ハイジャックの特徴

カテゴリ			件数 (*n*=3)
犯人の属性	人数	単独犯	3
	性別	男性	3
	年齢	20 代	1
		30 代	1
		50 代	1
	職業	元会社員	1
		会社員（休職中）	1
		不明	1
ハイジャックの目的に関連する犯人の体験		病気	1
		経済的困窮	1
		宗教への興味関心	1
		就職活動の失敗	1
		社会の対応に対する不満	1
ハイジャックの目的		輸送手段目的	3
		自殺目的	1
		精神的・心理的な問題	3
凶器		工具類	1
		ナイフ類	2
被害者と犯人の相互作用	犯人の攻撃行動	脅迫	3
		凶器を使用して刺す	2
		紐などを使用した身体拘束	1
	被害者の種類	運航乗務員	1
		客室乗務員	3
		乗客	1
	被害者の死亡・受傷	死亡	1
		受傷	1
	乗務員・乗客による犯人の制圧	有り	1
		無し	2

（入山・桐生，2017 をもとに著者作成）

的な拘束を行うことが物理的に難しいことがうかがえる。

　被害者の種類は客室乗務員が最も多く，次に運航乗務員と乗客が 1 件ずつ見られた。犯人は，乗客というよりもむしろ乗務員を対象に攻撃を行う可能性が示唆された。乗務員・乗客による犯人の制圧は 1 件であり，他の 2 事例では，警察が航空機内に突入，または犯人が航空機から降りてきたところで取り押さえている（影山，2000）。

4.　おわりに

　ハイジャック対策という用語は一見，テロリスト・政治的過激派による組織的なハイジャックへの対処を連想させるかもしれない。しかし，日本ではむしろ，心理・精神的な問題および輸送手段を目的・動機とした単独犯が，主に第 10 分類：凶器に該当する航空危険物を使用して実施したハイジャックが大部分を占めていた。

　近年，日本を含め世界中で，自律的なテロである「ローン・アクター・テロ」が増加し，組織的な背景がないことから，その予測が難しいことが問題となっている。2020 年に向けては，従来のテロリスト・政治的過激派に対処することはもちろんのこと，本章で紹介したような単独犯型のハイジャック犯の属性，心理や行動特徴に関する心理学的な研究知見を，警察，航空行政や航空会社の戦略に反映していくことが重要になると考える。

【文　献】

足立浩平（2006）多変量データ解析法——心理・教育・社会系のための入門．ナカニシヤ出版

Bartol, C. R. & Bartol, A. M.（2011）*Introduction to forensic psychology : Research and application*（3rd ed）. Sage.

Canter, D. & Wilson, M.（1991）*A theory of inference derivation for qualitative data: Development and test with application to criminal and terrorist detection*. Defense Technical Information Center.

Canter, D. & Youngs, D.（2009）Terrorism. In D. Canter & D. Youngs（Eds.），

Investigative psychology: Offender profiling and the analysis of criminal action. John Wiley & Sons Ltd, pp. 377-392.

CNN（2018）アル・カーイダ「再建」し，欧州で航空テロ謀議か 英政府．CNN．［https://www.cnn.co.jp/world/35130740.html］（2018年12月28日確認）

犯罪対策閣僚会議（2013）「世界一安全な日本」創造戦略 首相官邸．［https://www.kantei.go.jp/jp/singi/hanzai/kettei/131210/honbun.pdf］（2018年11月25日確認）

池田良彦（2007）航空犯罪．藤田勝利編 新航空法講義．信山社出版，pp. 149-170.

稲坂硬一（2006）ハイジャックとの戦い．成山堂書店

入山 茂・桐生正幸（2016）日本の国内線定期便のハイジャックにおける目的と凶器の特徴．東洋大学21世紀ヒューマン・インタラクション・リサーチ・センター研究年報，**13**，51-53.

入山 茂・桐生正幸（2017）1990年代に発生した日本の国内線定期便のハイジャック犯の分析．東洋大学21世紀ヒューマン・インタラクション・リサーチ・センター研究年報，**14**，27-30.

入山 茂・池間愛梨・桐生正幸（2017）日本の国内線定期便のハイジャックにおける目的と凶器の特徴——追加調査．犯罪心理学研究，**54**（特別号），194-195.

糸崎秀夫（2018）近赤外光を利用した容器内液体検査．食品と容器，**59**(5)，290-294.

影山任佐（2000）犯罪精神医学研究——「犯罪精神病理学」の構築をめざして．金剛出版

警察庁（2015）警察庁国際テロ対策強化要綱．［https://www.npa.go.jp/keibi/biki/youkou/honbun.pdf］（2018年11月25日確認）

警察庁（2016）警察白書 平成28年版．［https://www.npa.go.jp/hakusyo/h28/honbun/index.html］（2018年11月25日確認）

警察庁（2018）警察白書 平成30年版．［https://www.npa.go.jp/hakusyo/h30/honbun/index.html］（2018年11月25日確認）

国土交通省（2013）国土交通省の主なテロ対策 平成25年12月時点．［http://www.mlit.go.jp/kikikanri/seisakutokatsu_terro_tk_000001.html］（2019年1月16日）

国土交通省（2017）平成29年度国土交通白書．［http://www.mlit.go.jp/hakusyo/mlit/h29/hakusho/h30/index.html］（2019年1月16日）

国土交通省航空局監修（2009）航空危険物輸送法令集．鳳文書林出版

国土交通省航空局（2017）機内持込み・お預け手荷物における危険物の代表例．［http://www.mlit.go.jp/common/001156544.pdf］（2017年1月1日）.

Merari, A.（1998）Attacks on civil aviation : Trends and lessons. *Terrorism and Political Violence*, **10**(3), 9-26.

中谷和弘（2007）空域，国際民間航空と国際法．藤田勝利編 新航空法講義．信山社出版，pp. 69-103.

越智啓太（2011）ハイジャック．越智啓太・藤田政博・渡邉和美編 法と心理学の事典．朝倉書店，pp. 274-275.

大石吉彦（2007）日本のテロ対策の現状．国際交通安全学会誌，**32**(2)，25-28.

大澤達哉（2006）ハイジャック犯罪．松下正明総編集　司法精神医学 3——犯罪と犯罪者
　の精神医学．中山書店，pp. 89-100.

作田　明（2005）新しい犯罪心理学．世論時報社

渡辺昭一・横田賀英子（2004）人質立てこもり事件．渡辺昭一編　捜査心理学．北大路書
　房，pp. 74-88.

William, H. R. (2003) Terrorism and forensic psychiatry. *Journal of the Academy of
　Psychiatry and the Law*, 31(3), 285-288.

第 9 章

テロリズムと
人質事件

[横田賀英子]

1. テロリストによる人質事件

　テロ事件の形態は複数あるが，人質事件はテロリストによってたびたび選択される犯行形態のひとつである。誘拐事件や人質立てこもり事件といった人質事件は，事件がひとたび発生すると，国際的に大きな注目を集めやすい。すなわち，人質事件は，テロリストにとっては人質を盾に司法機関や政府と自らの要求実現のために交渉する手段であるだけではなく，自らの政治的もしくは思想的な主張を世間にアピールする手段ともなりうる。

　わが国に対する国際テロの直接的な被害については，現在のところ，海外において邦人やわが国の権益がテロの被害に遭う事案が主であると考えられる（警察庁，2017）。また，日本国内で発生するテロ事件が，人質事件の形態を取ることは少ない。1990〜2010年までの間に日本国内で発生したテロ事件377件を分析した大上（2013）の研究では，全体のなかで，人質事件と関連すると考えられる犯行形態は「施設占拠・立てこもり」のみであり，誘拐事件は皆無であった。また，「施設占拠・立てこもり」についても，右翼による犯行が6件（全体の1.6%），新右翼による犯行が2件（全体の0.5%）認められたのみであった。しかしながら，こうしたわが国における現状は，

国際テロの現状とは大きく異なる。

　横田ら（Yokota et al., 2007）は，国際テロ事件の犯行形態について分析を行った。分析データは，エドワード・ミクロスらがマスコミ記事より作成した，国際テロリズムのデータ（ITERATE : International Terrorism: Attributes of Terrorist Events 3-4）であり，1968〜2006年のデータセットが利用された。

　まず，過去に5件以上のテロ事件を敢行した217の国際テロ組織において，**表9-1** に示す22の犯行形態について一度でも敢行したことがある頻度を算出したところ，人質事件と関連すると考えられる形態については，全体の46%の組織が誘拐，18%が立てこもり，17%がハイジャック，6%が航空機以外の乗っ取りの経験を有していた。すなわち，誘拐は半数弱，立てこもりやハイジャックについては5分の1弱の国際テロ組織が，該当期間内に一度以上，敢行していたことがわかる。

　また，非計量多次元尺度法により，**表9-1** に示す22の犯行形態を分類した結果，**表9-2** に示すように，①脅迫としての攻撃，②手段としての攻撃，③暴力としての攻撃の3つの犯行テーマに分類された。そして，分析対象であったテロ組織217団体のうち189団体が，1つの犯行テーマを半数強の犯行で繰り返しており，多くのテロ組織が，どの犯行形態のテロを行うかについて何らかの指向性を有していることが示唆された。

　人質事件に対応すると考えられた犯行形態（誘拐，立てこもり，ハイジャック，航空機以外の乗っ取り）はいずれも，手段としての攻撃に分類された。すなわち，テロ組織による人質事件において，人質は直接危害を加える対象ではなく，組織の目的，欲求を達成するための「モノ」として位置づけられていることが示唆された。

　ただし，横田ら（Yokota et al., 2007）の分析は，国際テロ組織の犯行に焦点を当てて分析したものであるが，テロは必ずしも集団によって行われるとは限らない。たとえば近年では，テロ組織との正式な関係はないものの，インターネットなどの情報により自ら過激化した個人や団体が，単独または少

表9-1　217の国際テロ集団における犯行形態

犯行形態	該当割合(%)
爆弾テロ（explosive bombing）	79
その他武力攻撃（モーター・バズーカ砲含） （armed attack（other, including mortars, bazookas））	52
実行行為なしの脅迫（threat with no subsequent terrorist action）	48
誘拐（kidnapping）	46
殺人（assassination, murder）	44
テロ行為の企て（conspiracy）	22
焼夷弾・放火・火炎びん（incendiary bombing, arson, Molotov cocktail）	21
車両爆発（car bombing）	18
立てこもり（barricade）	18
ハイジャック（aerial hijacking）	17
武器密輸（arms smuggling）	10
建物等への狙撃（sniping at buildings, other facilities）	10
窃盗・不法侵入（theft, break-in of facilities）	9
郵便テロ（letter or parcel bombing）	8
警察官との撃ち合い（shoot-out with police）	8
虚偽の脅迫（実在しない爆弾等） （hoax（e. g. claiming a non-existent bomb））	8
建物占拠（人質なし）（occupation of facilities without hostage seizure）	7
車両による自爆テロ（suicide car bombing）	6
航空機以外の乗り物乗っ取り （takeover of non-aerial means of transportation）	6
自爆テロ（suicide bombing）	5
ミサイルによる武力攻撃（armed attack employing missiles）	5
爆弾・放火以外の破壊行為（sabotage not involving explosives or arson）	4

注：1968～2006年の間に一度でも認められれば該当ありにカウント。

表 9-2　国際テロ集団の犯行形態における 3 つの犯行テーマ

	犯行テーマの内容	該当する犯行形態
脅迫としての攻撃 (attack as threat)	テロ組織の主目的が，大惨事をもたらすことよりむしろ，大衆や社会を畏怖させることである攻撃	爆弾テロ，実行行為なしの脅迫，焼夷弾・放火・火炎びん，建物等への狙撃，窃盗・不法侵入，郵便テロ，虚偽の脅迫（実在しない爆弾等），建物占拠（人質なし），爆弾・放火以外の破壊行為
手段としての攻撃 (attack as means)	被害者を人質として監禁することが，テロ組織の目的を達成するための手段である攻撃	誘拐，立てこもり，ハイジャック，航空機以外の乗り物乗っ取り
暴力としての攻撃 (attack as violence)	個人もしくは集団に属する人々の殺傷が目的である攻撃	殺人，車両爆発，武器密輸，警察官との撃ち合い，車両による自爆テロ，自爆テロ，ミサイルによる武力攻撃，テロ行為の企て，その他武力攻撃（モーター・バズーカ砲含）

人数でテロを計画し実行主体となる，ローン・アクター型のテロリストが増加していることが指摘されている（防衛省，2017）。彼らの行動は，テロ組織が組織的に行う犯行とは異なると考えられる。

　警察やその他の司法機関が人質事件のテロリストに対応する際，欠かせない捜査手法のひとつが，人質交渉である。したがって，次節では人質交渉の技術について主に心理学的知見から概観する。また，テロ事件に遭遇した人質の心理を理解することは，事件中の捜査機関の捜査方針の決定や，事件中および事件後の人質の精神的健康の支援を行ううえで重要である。したがって 3 節では，人質の心理に関する先行研究について概観する。

2. 人質交渉

(1) 人質交渉の基本

　人質交渉の目的は，事件関係者を傷つけることなく，事件を平和裏に解決することである。犯人投降による事件終結は，人質，警察官，犯人のいずれの受傷リスクも低いため，望ましい解決方法である。しかしながら，司法機関が強行突入といった武力的な解決方法をとらざるを得ない場合においても，人質交渉は，状況を安定化させる，犯人や現場に関する情報収集を行う，死傷者を出すことなく時間を経過させるなど，多くの意義がある。

　テロ組織による人質事件と，テロ事件/非テロ事件にかかわらず個人による人質事件の大きな違いは，テロ組織による事件のほうが，より組織的で計画的な犯行であることが多いことである。また，個人による犯行の場合，ほとんどの犯人が人質事件の経験が皆無であるか，もしくは映画やドラマの知識しかないために，時間の経過にしたがって事件がどう推移していくかの正確なスクリプトを有しておらず（Wells et al., 2013），状況にうまく対応することが困難であると考えられる。したがって，交渉前の準備段階において犯行の組織性と事件の計画性を判断することは，犯人の行動を予測したり，有効な交渉戦略を検討するうえで重要であると考えられる。

　しかしながら，人質交渉に関する先行研究においては，どのようなタイプの相手であれ，たとえそれがテロリストであろうと，ビルから飛び降りようとしている自殺企図者であろうと，基本的な交渉原則は同じであると考えられている。それは，どのようなタイプの交渉相手による事案であっても，目的を達成するための合理的な行動と関連する道具的（instrumental）側面もあれば，個人の感情に由来する表出的（expressive）側面もあるからである（McMains & Mullins, 2014）。また，ウェルズ（Wells, 2014）は，「テロ事件を行う人々は，異常な行為に関与してしまった普通の人々である」との前提のもと，交渉相手がテロリストであっても，「テロリスト」というラベルに影

響されることなく彼らの内面を理解するという，偏った判断をしない（non-judgemental）アプローチが重要であるとしている。

　ウェルズら（Wells et al., 2013）は，敵対する個人と意思疎通をするための対人スキルの図式として，**図 9-1** を提示している。ウェルズらは，この図式はどのようなタイプの人質事件にも適用できるとしている。

　最初の段階は，交渉官が犯人と最初に遭遇する，第一印象形成の段階である。この時点では犯人は高い興奮状態にあり，また，交渉官への信頼も形成されていない。したがって，交渉官は最初の自己紹介を意識的に行うことで，状況の混乱を低下させ，犯人と対話を行うための環境を作り出すよう試みるべきであるとされる。たとえば，ウェルズ（Wells, 2014）は，自己紹介をする際に犯人が権威者と話しているという感覚を低下させたい場合には，「私は警察から来ました（I am *from* the police）」ではなく，「私は警察に所属しています（I am *with* the police）」と伝えるという例を挙げている。特に第一印象の形成段階においては，このような微妙な言葉のニュアンスが重要であるとされる（Wells et al., 2013）。

　そのうえで，次の段階として，ラポール形成を行う段階となる。ラポール形成は，積極的傾聴のアプローチが基本となる。積極的傾聴のアプローチの

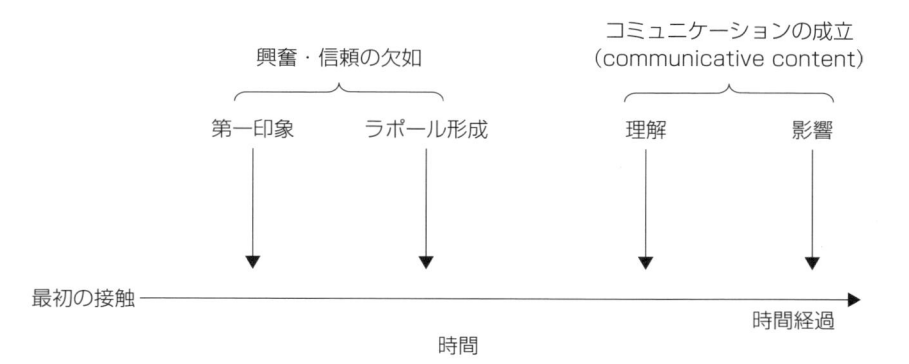

図 9-1　ウェルズらによる敵対する個人と意思疎通をするための対人スキルの図式
（Wells et al., 2013）

多くは，カウンセラーがクライエントの語りに耳を傾け，両者の間の治療関係の構築に努めようとする心理臨床の実践と学問から得られた知見に基づいている（横田，2016）。

ウェルズ（Wells, 2014）は，英国のスコットランドヤードでは積極的傾聴を，①焦点化した傾聴（focused listening），②反応的傾聴（responsive listening），③コミュニケーションの促し（communication encourager）に3分類して教養していることを述べている。

焦点化した傾聴とは，犯人が話していることの本質および内容に注意を払い，彼らが伝えようとしていることを正確に反射する手法である。反応的傾聴とは，犯人が邪魔されたり，内容の修正を強いられることなく言いたいことを話せる状況を確保するものであり，「はい」「それで？」といった最小限の相づち，犯人の発話における最後の言葉やフレーズを繰り返す言葉の反射，犯人の強い情動や抑揚の込められた言葉やフレーズを繰り返す手法などが含まれる。最後のコミュニケーションの促しには，犯人の話の要約，犯人の話を短くかつ交渉官の解釈を加えて言い直す言い換え，といった手法がある。

表9-3には，人質交渉の文脈で紹介されることの多い，積極的傾聴のためのスキルをまとめた。これらはいずれも，犯人の話を傾聴することで犯人の興奮を沈静化させ，交渉官と犯人の間にラポールを形成するためのものである。また，積極的傾聴の態度を示すことで，犯人が犯行や自分について語りやすくなり，さまざまな情報収集が可能となる。さらに，感情の指摘，要約，言い換えといったスキルは，交渉官が犯人の置かれた状況や，犯人の話したことを理解しようとしていることを伝えると同時に，交渉官が犯人の心情や言葉を正しく理解しているかについて確認する手助けとなる。

このようにして時間が経過すれば，時間の経過は司法機関にとって有利に働く。そして，ラポール形成の次は，犯人を理解する段階となる。この段階においては，犯人との会話を通じて，犯人の行為の根底にある動機や目的を理解することが求められる。この段階においても，犯人について偏った判断

表9-3　積極的傾聴のスキル

中核的なスキル
・反復 　相手が言ったことを繰り返す。 ・言い換え 　交渉官が自分の言葉で，相手の言葉を言い換える。 ・感情のラベリング 　相手の感情を言葉にして伝える。 ・要約 　相手の話の内容や感情をフィードバックする。言い換えや感情のラベリングで得られた情報を結合して伝える。
副次的なスキル
・効果的な間の利用 　会話の間に，「間」をおく。 ・最小限の相づち 　相づちを打ちながら話を聴き，相手の話を促す。 ・「私」メッセージ 　命令口調や断定的な言い方をするのではなく，「私は○○と思う」といったように，自分の意見を提案として伝える。 ・オープン質問や自由再生質問の利用 　「はい」「いいえ」で回答できるような質問ではなく，「何が」「いつ」「もっと○○について話してください」といった，具体的な説明を求めるような質問をする。

（横田，2016を著者一部改変）

をしないアプローチは重要である。

　そして，次段階の影響の段階に至る。相手に影響力を与える要因として，ウェルズ（Wells, 2014）は，①交渉官への好意度（人は好意を持っている人に「ノー」と言いにくい），②権威（人は権威のある人の要求には従う，もしくは注意を払う傾向がある），③返報性（人は他者から何かをしてもらったら，相手に好意を持っていなくとも返報しなければ居心地悪く感じる傾向がある），④コミットメント・自己一貫性（人は自分の言ったこと，信念，態度，好意を一貫させたいという傾向がある），⑤社会的証明（人は自らの考え方や行動を決めるときに，他者を参照する傾向がある），⑥稀少性（人

は稀少性のあるものに対して，より価値を見出す傾向がある）といった要因
を挙げている。これらはいずれも社会心理学の領域において，人々の態度の
形成や変容に影響する要因として検討されてきたものである。人質交渉で
は，心理学の先行研究において見出されてきたこうした要因をうまく戦術的
に活用して，犯人に影響力を行使し，犯人の投降につながるよう犯人と対話
をすることが求められる。

　なお，人質立てこもり事件における，交渉官と犯人の関係構築プロセスを
提示したモデルとしては，米国連邦捜査局（FBI）による行動変容階段モデ
ル（Behavioral Change Stairway Model：BCSM）もよく知られている
(Vecchi et al., 2005)。このモデルは，犯人の投降に至るまでに必要なプロセス
として，①積極的傾聴（active listening），②共感（empathy），③ラポール
（rapport），④影響（influence），⑤行動変容（behavioral change）を提示
している（**図9-2**）。行動変容階段モデルでは，交渉官と犯人の関係構築の
ベースにあるのは，積極的傾聴であると考える。そして，犯人の話に対する

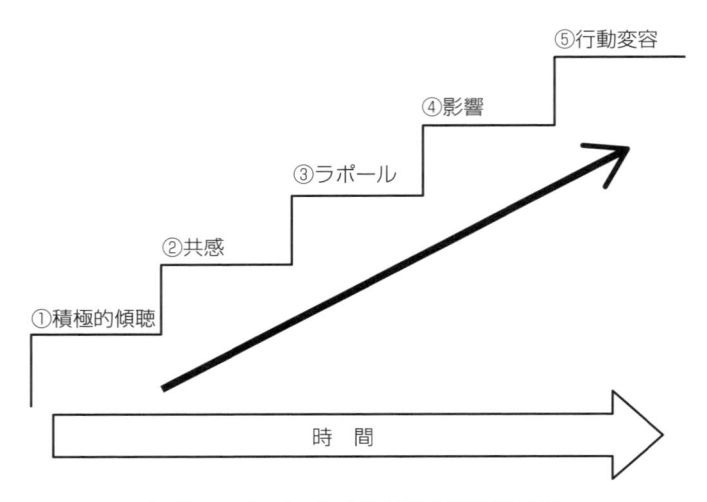

図9-2　ベッキらによる行動変容階段モデル

(Vecchi et al., 2005)

積極的傾聴，積極的傾聴を通じた犯人への共感，これらを通じた犯人とのラポール形成を階段状に達成することで，犯人に影響力を及ぼすことが可能になると考える。

　図 9-1 のウェルズらのモデル，図 9-2 のベッキらのモデルのいずれにおいても，積極的傾聴によるラポールの構築が，犯人への影響力の行使と犯人の態度変容をもたらすと仮定している点で共通している。そのためには，ある程度時間をかけて，段階を追って交渉をすることが重要であることを指摘している点においても共通している。

(2) テロリストに対する人質交渉

　前述したように，今日に至るまでテロに特化した交渉術が普及しているわけではない。むしろ，どのような事件に対しても，前節に紹介した積極的傾聴が交渉の基本となっている。そのうえで，テロリストに対しての方略についても，いくつか提示されている。

　まず，米国連邦捜査局（FBI）の捜査員であったフューゼライアーとノーズナー（Fuselier & Noesner, 1990）は，政治的な人質立てこもり犯に対する交渉は，一般の犯罪者に対する交渉と根本的には同じであることを強調したうえで，政治的な人質立てこもり犯に対して交渉を行う際には，彼らの主張は理解されたこと，彼らの要求については耳が傾けられてきたこと，彼らの大義については世界に報道されたこと，したがって，人質の殺害は犯人や犯人の大義に対する世間の信用を落とすことにほかならないと伝えることを，方略として提示している。彼らは，計画性の高い政治的・宗教的テロ事件であっても，犯人の目的が象徴的な表明をすることで世間の注目を集めることである場合には，交渉は成功する可能性が高いとしている。

　またマクメインズとマリンズ（McMains & Mullins, 2014）は，モスクワ劇場占拠事件（2002 年）とベスラン学校占拠事件（2004 年）の教訓として，テロリストに対する対応や人質交渉について，以下のような方略を提示している。

① テロリストを理解するためには，より共感的に対応する必要がある。交渉のゴールは，テロリストに影響力を行使することである。

② 共感（empathy）と支持（sympathy）は異なることを理解する。テロリストを理解することは，テロリストの行為に同意することとは異なる。

③ テロリストにとっての論理や合理的な意思決定とは何かについて，理解する必要がある。たとえ容認できないような手法を用いてテロリストが犯行を行っていたとしても，戦術は，テロリストが合理的な終結と見なす事柄を達成するよう，企図されている。

④ 合意された交渉指針であっても，その遂行にあたっては柔軟に対応する。

⑤ あらかじめ有している見込み（expectation）を変えなければならないこともある。

　　ⅰ 人質全員の救出が難しい場合，人質立てこもり事件における現実的な目標は，できる限り多くの人を，生存した状態で解放させることである。

　　ⅱ いつでも犯人の逮捕が可能なわけではない。

⑥ 逃走手段の要求は，テロリストからなされるべきである。

⑦ リスク評価は，事件の進行に合わせて修正すべきである。

⑧ 事件中の人質の殺害は，交渉に応じないサイコパスのみが行うわけではない。殺害のみが犯行の目的ではないかもしれない。

⑨ 自殺の兆候を示しても，死ぬ意図があるとは限らない。

⑩ 仲介者の利用を今後はより検討すべきである。

⑪ テロリストのオペレーションにおける組織的構造によっては，犯人を包囲することは不可能かもしれない（多くの場合，指導者は別の場所にいて，携帯電話やインターネットなどの近年のコミュニケーション手段が利用可能な状態にある）。

⑫ 事件の表出的側面を扱う際には，積極的傾聴のスキルを用いる。そ

れによりラポールが形成され，最終的には犯人への影響力を増すことができる。

　フューゼライアーとノーズナー（Fuselier & Noesner, 1990）およびマクメインズとマリンズ（McMains & Mullins, 2014）のいずれにおいても，テロリストに共感的に接すること，積極的傾聴の態度を重要視している点では，一般的な人質交渉と変わらない。

(3) 異文化交渉

　特に，国際テロ組織による人質事件に対応する場合には，交渉官と犯人の属する文化が異なることがある。文化的な行動パターンは，人の規範意識，価値観，行動の解釈などに影響を与えるが，多くの場合，人々は他者も自分と同じように行動することを期待する。したがって交渉官は，犯人がどのように考え，現実を知覚しているのかを理解しようとするならば，犯人の属する文化のコミュニケーションスタイルの理解に努めることで，犯人の「心理的靴」を履く必要がある（Hammer, 1997）。

　ハマー（Hammer, 1997）は，低コンテクストに属する文化（個人主義の文化）と，高コンテクストに属する文化（集団主義の文化）では，交渉のあり方が異なると指摘している。低コンテクストの文化で多く認められるコミュニケーションでは，ほとんどの情報は言語により明確に表出される。低コンテクストの文化において対立状況を解決するために用いられる戦略は，多くの場合，言語による直接的なコミュニケーションである。他方，高コンテクストの文化におけるコミュニケーションでは，情報は文脈的に伝えられ，言葉により具体的に表現されないことも多い。したがって，交渉は間接的な言い回しになる傾向がある。相手と対立する状況において高コンテクストの文化では，対立の緊張度を低下させるために，あいまいな，相手と対立しないようなコミュニケーションが選択される。

　こうした文化的違いにより，人質交渉場面においても，異なる文化に属す

る者の間でコミュニケーションを行う場合には，すれ違いが生じやすい（Hammer, 1997）。たとえば，低コンテクストの文化に属する交渉官にとっては，高コンテクストの文化におけるあいまいで，間接的なコミュニケーションスタイルは，誤魔化しているように感じられたり不誠実に見えたりするため，対立をより悪化させるのではないかと見なされる傾向がある。他方で，高コンテクストの文化に属する交渉官にとっては，低コンテクストの文化における交渉スタイルは威嚇的に感じられ，対立した状況をよりエスカレートさせるのではないかと見なされる傾向がある。

　また，低コンテクストの文化と高コンテクストの文化では，面子（face）をどこに見出すかが異なるとされる。低コンテクストの文化では，面子は個人特性によって規定されるが，高コンテクストの文化では，他者もしくは集団との関係性により規定される。

　ギーベルズとテイラー（Giebels & Taylor, 2009）は，ベルギー警察およびオランダ警察より入手された25の人質交渉の書き起こしをもとに，低コンテクストの文化に属する犯人との交渉（12事案），高コンテクストの文化に属する犯人との交渉（13事案）の比較を行った。分析の結果，低コンテクストの文化に属する犯人は，高コンテクストの文化に属する犯人よりも，より多く説得的論議（persuasive argument）を行い，また，説得的論議に対してより妥協する傾向があることが示唆された。さらに，低コンテクストの文化に属する犯人は，交渉の前半において威嚇（threat）を行う傾向がより強かった。

3.　人質の心理

　コラドとトンプキンス（Corrado & Tompkins, 1989）はテロ事件の人質の心理状態を，次の5段階に分類している。

　① **衝撃期**——事件直後の強い衝撃。

② 受容期——あきらめ・受容。
③ 対処期——犯人との交流や読書などの対処行動・感情転移。
④ 犯人支配の崩壊期——不安定さからくる不安の再発。
⑤ 事件後の心理——終結直後の高揚感・外傷後ストレス障害など。

　金ら（2006）は，在ペルー日本国大使公邸占拠事件の人質に対するメンタルケア活動や解放後の人質への面接結果をもとに，各段階を概説している。以下，金ら（2006）の記述に沿って各段階を概観する。

　まず，①の衝撃期は，突然の出来事への衝撃のために，現実感を失う時機である。在ペルー日本国大使公邸占拠事件の人質からも，映画の1シーンではないかと思ったなどの非現実感が報告されたという。ただし，在ペルー日本国大使公邸占拠事件においては，多数の招待客ならびに大使館員がいたために足の踏み場がなく，生活環境への不適応によるストレスがあり，非現実感はさほど増大しなかったとされる。

　②の受容期は，現実を認識後，被害への怒り，悲嘆，恐怖が生じる段階である。この時期，日本人とペルー人の間に，文化差に基づくと考えられる大きな相違が見られたという。具体的には，日本人は生活上の当番を決めるなど組織的な対応が取られ，感情表現については抑制的であったが，ペルー人は個人的な感情表出が大きく，それぞれの創意工夫によって解放の可能性を探ったり，生活の質を高めるための努力が見られたという。

　③の対処期は，犯人との交流が増加し，対処的戦略を行う時期である。在ペルー日本国大使公邸占拠事件においても，日本人人質は組織的な対処行動に加え，個人ごとに身体トレーニングなどの日課を行ったり，ペルー人人質は，スペイン語やギターを教えるなどの活動を行ったとされる。

　④の犯人支配の崩壊期は，人質も犯人も疲労し，あるいは外部との交渉が膠着するなどのために適切な対処行動が困難となり，人質にとっては犯人の思考や行動が予測できなくなる段階である。在ペルー日本国大使公邸占拠事件の際には，解放があると思われていた時期が過ぎ去り，次の解放交渉の目

処が立たなくなって以降，一部の人質に崩壊期に対応する心理的な状況が見られ始めていたという。

　⑤の解放後については，事件中のストレス要因による精神的不調と，解放後の新しい生活への適応の二つの課題があるとされる。このうち，事件中のストレス要因による精神的不調については，在ペルー日本国大使公邸占拠事件の場合には，金ら（2006）が面接を行った者においては重篤な精神症状を来した者はいなかったが，解放直後の不眠，感情不安定，集中力減退などの心身の不調を訴える者が若干認められたほか，少なからぬ者が多弁であり，一時的に「ギヤがかみ合わない」といった感覚を生じる場合もあったという。

　なお，在ペルー日本国大使公邸占拠事件においては，③の対処期において，日本人人質と若いテロリストとの間に感情的交流が生じる場面があった。そして，若いテロリストらのなかには，人質から勉強を教えてもらい，「事件が終わったら日本に行って勉強したい」と述べる者もいたなど，犯人側が人質に肯定的な感情を抱くような状況が認められ，こうした犯人の心理状態について，一部ではリマ症候群という呼び方がなされた（金ら，2006）。

　これまでの人質事件における先行研究においては，人質が犯人に対してポジティブな感情を持つようになる心理状態，もしくは犯人が人質に対してポジティブな感情を持つようになる心理状態は，ストックホルム症候群（もしくは，人質同一化症候群〈hostage identification syndrome〉）として理解されることが多い。

　ストックホルム症候群は，「人質が犯人に対して肯定的な感情を持つ」「人質が警察当局に対して否定的な感情を持つ」「犯人が人質に対する肯定的な感情を徐々に形成する」という３要素により構成されるとされる（Harkis, 1986；Turner, 1985）。ストックホルム症候群は，人質にとっては，監禁時の強いストレスと死の恐怖下において生じる心理的防衛反応であるとも考えられている（横田，2006）。ストックホルム症候群は，人質が犯人に対して肯定的な感情を持つ結果，人質から得られる情報が信頼できにくくなる，人質救

出作戦の妨げになることがあるという欠点があるが，犯人が人質を「個人」として認識することで，犯人の人質への加害リスクが低くなるという大きなメリットがある。

　ギーベルズら（Giebels et al., 2005）は，人質立てこもり事件と誘拐事件の元人質11人への半構造化面接を行った結果，犯人からの加害行為を受けた3人以外は，犯人に対するポジティブな感情を述べたと報告している。その結果をもとに彼らは，犯人と人質の間のポジティブな関係性の構築は，社会プロセスの自然な結果であると同時に，人質が生存チャンスを最大化させるための（場合によっては意図的な）道具的な行動である，と指摘している。そして，こうした人質の心理について「症候群」というラベリングをすることは，人質への心理的な援助の無用な妨げになることがあるのではないか，と警告している。

　以上概観した人質の心理は，誘拐事件，人質立てこもり事件のいずれにも共通すると考えられる心理プロセスであるが，ギーベルズら（Giebels et al., 2005）は，誘拐事件においては人質事件の場合よりも，人質が状況に対する不透明感（uncertainty）や孤独感（isolation）を強く感じることを見出している。彼らの半構造化面接において，人質立てこもり事件の元人質7人のうち事件中の心理に関して不透明感を述べたのは，8日間にわたり拘束された1人のみであったが，誘拐事件の元人質4人は，全員が不透明感について言及した。また，誘拐事件の元人質の全員が孤独感について述べたが，人質立てこもり事件の元人質において孤独感を述べた者は皆無であった。

　誘拐事件においては，司法機関が被害者生存を確認するために，人質しか回答できないような質問の答えを，犯人に対して生存証明（proof of life）として求めることがある。たとえば，子どものときに飼っていた犬の名前などである。ギーベルズらは，生存証明を求めることは被害者生存の確認という意味のみならず，人質にとっては大きなポジティブな心理的効果があると指摘している。すなわち，外部から遮断されたように感じている人質にとっては，生存証明の質問は外部が自分を見捨てていないことの証であり，ま

た，生存証明の質問に関連した出来事を思い起こすことは，人質にとってそのときの感情を思い起こさせるためである。したがって，生存証明を求める質問を検討する際には，①人質が持っているであろう状況に対する不透明感を低減できるものであるか，②人質を精神的に支援できるような内容であるか，③人質の社会的アイデンティティの強化につながるようなものであるか，といった観点から慎重に検討すべきであるとしている。

4. おわりに

　本章では，テロリズムと人質事件について，主に人質交渉と人質の心理に焦点をあてて，これまで得られている心理学的知見について概説した。しかしながら，人質事件において検討すべき課題は本章で扱ったテーマ以外にも存在する。事件進行中に犯人が人質を殺害するリスクがどの程度あるのかを評価するリスク評価は，捜査幹部や政府の意思決定の支援のためには重要である。また，本章では人質の心理について概説したが，伊原（2016）が指摘するように，人質事件については人質の家族も事件中に大きなストレスにさらされている。したがって，人質本人に対するケアだけではなく，家族に対する支援のあり方についても，今後さらに検討する必要がある。一般犯罪者による人質事件については，いくつかのタイプに分類可能であることが示されているが（たとえば，わが国で過去に発生した人質立てこもり事件については，横田〈Yokota, 2013〉が4類型に分類している），テロリストによる人質立てこもり事件や誘拐事件も類型化し，類型ごとに交渉戦略などの警察の対応を詳細に検討することが必要である。

　海外において邦人が誘拐や人質立てこもりの被害に遭った過去に発生したテロ事件においては，人質やその家族が事件によって大きな被害を被ったことはもちろんであるが，それらの事件は社会的にも大きな影響を及ぼしてきた。また，現在のところ国内においてテロリストによる人質事件の発生は多くないが，わが国におけるグローバル化の流れを鑑みれば，今後，国際テロ

組織による事件が日本国内で発生したとしても不思議ではない。テロ事件に対する対応については，心理学的な知見も踏まえつつ，今後もさらに継続して検討する必要がある。

【文　献】

防衛省（2017）防衛白書 平成 29 年版．日経印刷

Corrado, R. R. & Tompkins, E. (1989) A comparative model of the psychological effects on the victims of state and anti-state terrorism. *International Journal of Law and Psychiatry*, **12**, 281-293.

Fuselier, G. D. & Noesner, G. W. (1990) Confronting the terrorist hostage taker. *FBI Law Enforcement Bulletin*, **59**(7), 6-11.

Giebels, E., Noelanders, S., & Vervaeke, G. (2005) The hostage experience: Implications for negotiation strategies. *Clinical Psychology & Psychotherapy*, **12**, 241-253.

Giebels, E. & Taylor, P. J. (2009) Interaction patterns in crisis negotiations: Persuasive arguments and cultural differences. *Journal of Applied Psychology*, **94**, 5.

Hammer, M. R. (1997) Negotiating across the cultural divide : Intercultural dynamics in crisis incidents. In R. G. Rogan, M. R. Hammer & C. R. Van Zandt (Eds.), *Dynamic processes of crisis negotiation: Theory, research and practice*. Praeger, pp. 105-114.

Harkis, B. A. (1986) The psychopathlogy of the hostage experience: A review. *Medical Science and Law*, **26**, 48-52.

伊原直子（2016）人質事件の被害者．日本犯罪心理学会編　犯罪心理学事典．丸善, pp. 658-659.

警察庁（2017）警察白書 平成 29 年版．日経印刷

金吉晴・笠原敏彦・小西聖子（2006）ペルー日本大使公邸人質占拠事件の心理的影響．精神医学, **48**, 311-317.

McMains, M. J. & Mullins, W. C. (2014) *Crisis negotiations: Managing critical incidents and hostage situations in law enforcement and corrections*. Routledge.

大上　渉（2013）日本における国内テロ組織の犯行パターン．心理学研究, **84**, 218-228.

Turner, J. T. (1985) Factors influencing the development of the hostage identification syndrome. *Political Psychology*, **6**, 705-711.

Vecchi, G. M., Van Hasselt, V. B., & Romano, S. J. (2005) Crisis (hostage) negotiation: Current strategies and issues in high-risk conflict resolution. *Aggression and Violent Behavior*, **10**, 533-551.

Wells, S. (2014) Negotiating in a terrorist environment. In J. Pearce (Ed.), *Investigating terrorism : Current political, legal and psychological issues*. Wiley, pp. 144-167.

Wells, S., Taylor, P. J., & Giebels, E. (2013) Crisis negotiation : From suicide to terrorism intervention. In M. Olekalns & W. L. Adair (Eds.), *Handbook of research on negotiation*. Edward Edgar Publishing, pp. 473-496.

横田賀英子 (2006) 人質立てこもり事件. 松下正明総編集　司法精神医学3――犯罪と犯罪者の精神医学. 中山書店, pp. 101-112.

Yokota, K. (2013) Differentiation of hostage barricade incidents : Through the application of the action systems model. In D. Young (Ed.), *Behavioural analysis of crime : Studies in David Canter's Investigative Psychology*. Ashgate Publishing Limited, pp. 67-86.

横田賀英子 (2016) 人質事件の交渉. 日本犯罪心理学会編　犯罪心理学事典. 丸善株式会社, pp. 256-257.

Yokota, K., Watanabe, K., Wachi, T., Hoshino, M., Sato, A., & Fujita, G. (2007) Differentiation of international terrorism : Attack as threat, means, and violence. *Journal of Investigative Psychology and Offender Profiling*, **4**, 131-145.

第 10 章

テロリズムの PTSD

[松本　昇]

　テロリズムの被害と切り離せない臨床的な問題として，PTSD（Post-traumatic stress disorder：心的外傷後ストレス障害）がある。テロリズムの被害に遭いつつも九死に一生を得る，あるいはそういった体験を見聞きすることによって PTSD を発症する可能性がある。テロリズムによって引き起こされる PTSD に関する研究は，米国で起きた 9.11 同時多発テロを契機に爆発的に増加し（Durodié & Wainwright, 2019），現在でも一部で研究が続けられている。

　本章では，はじめに PTSD の定義を説明する。次に，テロリズムの被害に限らない PTSD のメカニズムと治療についての全般的な知見をまとめる。続いて，9.11 テロや地下鉄サリン事件などの具体的なテロリズムの事案を取り上げ，そこで行われている研究に触れる。最後に，テロリズム被害者に見られる PTSD の特徴的な点と，その他の PTSD に共通する点について論考する。

1.　PTSD とは

　DSM-5（American Psychiatric Association, 2013）に基づけば，PTSD は，危うく死ぬ，重傷を負うなどのトラウマ的出来事へ直接曝露されるか，見聞

きするか，あるいは長期にわたって繰り返し曝露されたときに発症する，精神疾患である。主要な症状として，①侵入症状，②回避，③過覚醒，④認知と気分のネガティブ変化の4つがある。

侵入症状とは，苦痛を感じる思い出したくないトラウマ的出来事を，無意図的に侵入想起してしまうことである。これらの多くは再体験感を持って，当時の出来事がありありと浮かぶように体験される。また，その出来事に関連した夢を見ることも，侵入症状に当てはまる。

回避とは，トラウマ的出来事やそれに関連する刺激（トリガー）を避けようとしたり，トラウマ的出来事についての記憶，思考，感情を抑制しようとしたりすることである。

過覚醒とは，トラウマ的出来事によって生じた覚醒状態や高い反応性のことで，過剰な警戒心や驚愕反応，他者あるいは自己に対する激しい怒り，また，それらによって不眠や集中困難をきたすことを指す。

認知と気分のネガティブ変化には，トラウマ的出来事の経験によって自己・他者・世界に対するネガティブな信念（例：世界は危険に満ちたところだ）を抱くことや，トラウマ的出来事の原因や結果についての歪んだ認知，恐怖・恥・罪悪感といったネガティブ感情の持続，またそれらによって社会的活動への参加が減少することなどが含まれる。

2. PTSDのメカニズムと治療

PTSDの発症には，危険因子と保護因子があることが知られている。危険因子としては，トラウマを経験する以前に不安や抑うつといった精神疾患の傾向を持っていることや，家族などに不安症や大うつ病の罹患歴のある者が存在すること，つまり遺伝的なリスクを持っていることが挙げられる（Brewin et al., 2000；Ozer et al., 2003）。また，PTSDは，男性よりも女性に多いこと，年齢が若いほど多いこと，経済的に貧窮しているほど多いことも示されている（Brewin et al., 2000）。さらに，トラウマを経験した際の情動反応

の強さや，解離の強さ（Brewin et al., 2000；Ozer et al., 2003），トラウマ経験後の反すうの多さや，注意バイアスの強さも，PTSDのリスク要因となる（Kleim et al., 2007）。一方で，保護因子としては，知覚されたソーシャルサポートの量が多いこと（Ozer et al., 2003）や，IQや教育歴，ワーキングメモリ容量の多さといった認知機能の高さが挙げられる（Brewin et al., 2000；Parslow & Jorm, 2007）。

　これらのPTSDのメカニズムのなかでも特に研究されているのは，トラウマを経験した際の情動反応やその記憶の符号化（覚えること），および検索（思い出すこと）の問題についてである。ブレウィンら（Brewin et al., 1996, 2010）の提唱した二重表象理論では，トラウマの符号化不良が侵入症状をはじめとしたPTSDの発症要因であるとしている。

　二重表象理論によれば，通常の記憶は，扁桃体を中心とした情動的・視空間的な符号化と，海馬を中心とした文脈的・連合的・言語的な符号化の，二重の符号化がなされる。しかしながら，トラウマはその際に扁桃体への符号化が過剰となり，海馬への符号化が障害される。この扁桃体を中心とした記憶表象が何らかのトリガーによって検索されることにより，インパクトの強い侵入症状を招くと考えられている。つまり，侵入症状を引き起こさないためには，扁桃体への符号化を減らし，海馬への符号化を増やすことが必要なのである。

　二重表象理論を支持する知見はいくつもあり，なかでも代表的なのは，トラウマフィルムパラダイム（Holmes et al., 2004）と呼ばれる手続きである。トラウマフィルムパラダイムとは，実験参加者にトラウマ的な映像を視聴してもらった後，1週間にわたって，その映像が侵入想起された頻度を日誌に記録してもらう実験手続きを指す。それに加えて，トラウマ的な映像を見るときに，あるいは見た後に，視空間的な課題（テトリスなど）を行う群と，言語的な課題（引き算など）を行う群を設ける。すると，何もしなかったときに比べて，視空間的な課題を行った群では1週間の侵入想起頻度が低下するのに対して，言語的な課題を行った群では1週間の侵入想起頻度が増加す

る（Holmes & Broune, 2008；James et al., 2016）。この結果は，視空間的な課題が扁桃体を中心とした符号化を妨害し，言語的な課題が海馬を中心とした符号化を妨害したものとして解釈されている。

PTSDの治療で重要となるのは，①実際に直面したトラウマ自体の情動やインパクトを低下させることと，②非機能的な認知と認知的方略を修正することである。

第一に，トラウマ自体の情動を低下させるための王道は，エクスポージャーである。エクスポージャーとは，トラウマやその関連刺激にあえて触れる，曝露することによって，それらに危険はないと学習していく方法である。このメカニズムは制止学習（Inhibitory learning）（Craske et al., 2008）によって説明される。PTSDでは，トラウマ関連刺激（例：衝突音）に触れると，それがトラウマの瞬間（例：ワールドトレードセンターへの飛行機の衝突）を連想させて，恐怖感情が生じる。ここでは，トラウマ関連刺激とトラウマ自体に連合が成立しており，トラウマ関連刺激はトラウマの発生を予測する働きを持っている。しかしながら，トラウマ関連刺激は常にトラウマの発生を予測するわけではない。そこで，トラウマ関連刺激はトラウマを予測しないという制止性の学習を新たに行ってもらうのが，エクスポージャーの原理である。

ただし，単にトラウマやその関連刺激に触れればよいというわけではなく，長時間をかけて恐怖感情を減らしていく必要がある。言い換えれば，一瞬だけトラウマやその関連刺激に触れただけでは，恐怖感情が喚起されるのみであり，それでは逆効果に終わってしまう。また，トラウマやその関連刺激に触れながらも，それに対して心理的・身体的に身構えたり，何らかの安全を確保する行動をとったりしてしまうと，エクスポージャーの肝となる制止学習が成立しなくなってしまう。したがって，エクスポージャーを行う際は，患者の動機づけを高めながら慎重に導入しなければならない。

PTSDに対する治療効果のエビデンスが確立されている持続エクスポージャー療法（Prolonged exposure therapy）（Foa et al., 2007）では，これら

の点に十分に配慮しつつ，想像エクスポージャーと現実エクスポージャーを行う。特に中心となる想像エクスポージャーでは，トラウマを細部まで思い出し，詳細に語ることを繰り返していく。その際には，ホットスポットと呼ばれる，最も恐怖を感じた瞬間に焦点を当てていく。

　非機能的認知と認知的方略の修正にあたっては，PTSD の維持メカニズムを理解しておく必要がある。エーラスとクラーク（Ehlers & Clark, 2000）の PTSD の認知モデルによれば，前述したトラウマの符号化の問題に加えて，ヒト特有の認知的方略が PTSD の症状を悪化させる。ここでは，①注意バイアス，②回避と抑制，③ネガティブな信念を取り上げる（松本，2015 も参照）。

　第一に，ひとたびトラウマを経験すると，我々は二度と同様の経験をしないように動機づけられる。そのために，トラウマに関連する刺激をいち早く察知できるように常に周囲に注意を向け，警戒した状態が続く。また，自身の身体感覚や思考に対しても，侵入が生じないかどうか警戒し続ける。ところが，このような注意のバイアスはむしろ，些細なトラウマ関連刺激を検出しやすくなることに寄与する。警戒しているがために，かえってトラウマ関連刺激を見出してしまうのである。したがって，PTSD の治療にあたっては，トラウマに対する警戒を解いて注意バイアスを修正することが求められる。

　第二に，PTSD の回避症状が強まると，トラウマ関連刺激を回避する行動が現れたり，トラウマに関する思考や侵入を必死に抑制しようとしたりする。たとえば，車による爆弾テロを経験した個人には，車に乗れなくなる，車に近づかなくなる，家から外出できなくなる，といった回避行動が出現する。しかしながら，トラウマの治療において重要なのは，あえてその個人が危険だと感じる刺激に触れて，「何も危険はなかった」と，新たな学習をしていくことである。回避をすることで，トラウマが更新される機会を失ってしまう。

　侵入症状であれば，それを抑制しようとすることで，トラウマの侵入が極

端に恐ろしい現象であると認識したままになってしまう。侵入症状はどのような個人にも見られるものなので（Williams & Moulds, 2007），それ自体は問題ではなく，むしろ侵入の抑制によってトラウマの侵入に対する恐怖が持続してしまうのが問題であることを，学習する必要がある。

　第三に，トラウマに対するネガティブな信念が生じる。たとえば，「トラウマを克服することは難しい」や，「フラッシュバックを経験するのは良くないことだ」という信念が生じる。すると，これらの信念が，トラウマ関連刺激や侵入症状の回避・抑制を導いてしまう。さらに，回避・抑制が強く動機づけられると，いち早くトラウマ関連刺激に気づこうと注意のバイアスが生じたり，信念が更新される機会が失われたりする。

　このように，トラウマに関連する認知や認知的方略は連なってトラウマからの回復を妨げるため，治療の際にはこれらの認知修正を試みる必要がある。

3.　テロリズムの PTSD

　ここまでは，PTSD 全般におけるメカニズムと治療について触れてきた。以下では，テロリズムにおける PTSD に焦点を絞り，関連する研究を取り上げていく。現在でもなお，さまざまなテロ事件が発生しているが，ここでは特にインパクトが大きく研究の集中した 4 つの事件を取り上げる。すなわち，① 9.11 同時多発テロ事件，②地下鉄サリン事件，③オクラホマの連邦政府爆破事件，④イスラエルの連続爆弾テロである。

　テロリズムによる PTSD に関する研究は，1990 年代まで見過ごされてきた。しかしながら，地下鉄サリン事件やオクラホマの連邦政府爆破事件の発生によって，被害者の PTSD についての認識が広まり，9.11 テロ事件を契機に，PTSD を中心としたテロリズムと精神疾患の研究が一気に増加した（**図 10-1**）（Durodié & Wainwright, 2019）。以下で，各事件についての研究をまとめることとする。

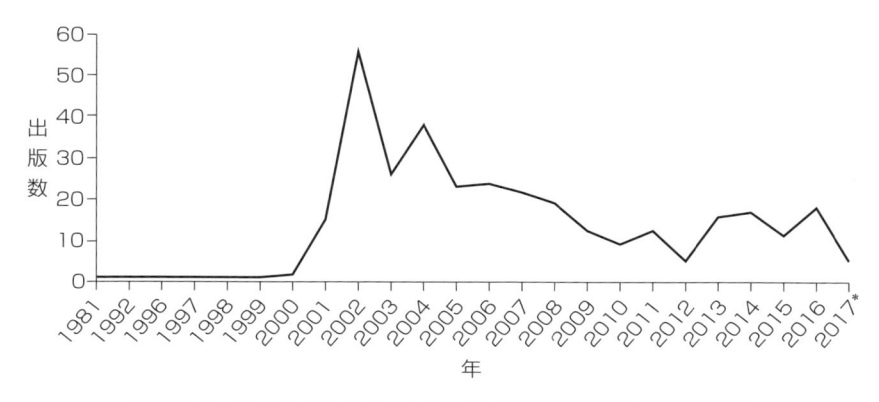

図 10-1　テロリズムとメンタルヘルスに関する論文の年間出版数
（Durodie & Wainwright, 2019）

（1）9.11 同時多発テロ（September 11 attacks）

　2001 年 9 月 11 日に，2 機の航空機がワールドトレードセンターに相次いで衝突した事件（以下，9.11 テロ）は，全世界で即座に中継され，人々に衝撃を与えた。このテロで，3,000 人近くの犠牲者および 6,000 人もの負傷者が発生し，経済面でも莫大な損失が生じた。さらに，この事件による PTSD は，生存者や遺族を苦しめることとなった。直接的な被害のみならず，9.11 テロがトラウマを想起させる/確証させる引き金となって，退役軍人の PTSD 症状が一時的に悪化するということも生じた（Niles et al., 2003）。

　9.11 テロによってどれくらいの割合の人々が PTSD を発症したのか，疫学的な調査が多く行われた（Wilson, 2015）。**図 10-2** に示したのは，テロの当事者となった人々と消防隊（事件の際にワールドトレードセンターにいたなど，実際に身に危険が迫った人々）における PTSD の推定罹患率，**図 10-3** に示したのは，当事者ではない一般市民や消防隊における PTSD の推定罹患率に関する，各研究のデータをまとめたものである（Lowell et al., 2018, Fig. 1, Fig. 2）。

　このグラフから読み取れるのは，直接的な曝露かどうかを問わず，事件か

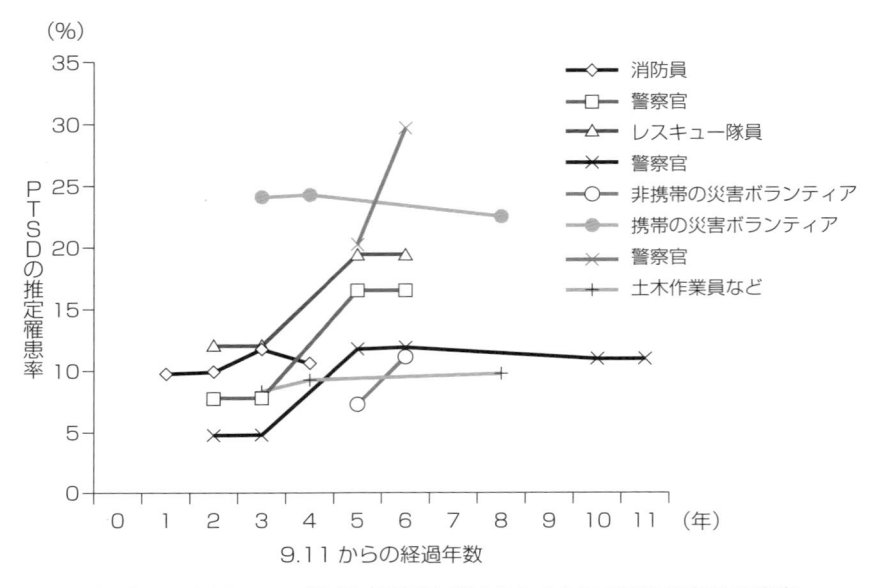

(%)

図 10-2　9.11 テロの被害に直接的に曝された人々における PTSD 罹患率

(Lowell et al., 2018, Fig. 1)

ら 5〜6 年後に罹患率がピークに達するということである。また，事件から 4 カ月後には子どもの PTSD が 29.4% と非常に多く，しかし 2 年後には 5% まで低下するというのも，特徴的なデータである（Pfeffer et al., 2007）。

　地域別に見ると，ワールドトレードセンターのあったロウアー・マンハッタンにいた人々は，より広域のニューヨーク市民よりも PTSD 罹患率が高いことが読み取れる。テロの 1〜2 カ月後におけるシュレンジャー（Schlenger et al., 2002）の調査では，事件現場に近いニューヨークの都市部で PTSD 罹患率が 11.2% と最も高かったのに対して，ニューヨークから少し離れたワシントンでは 2.7% と低かった。このことから，事件現場からの地理的近接性が，当該地域における PTSD の罹患率を予測すると言える。

　さらに，それ以外の PTSD 発症の危険因子として，性別（女性のほうが PTSD が多い），人種（ヒスパニック系，ラテン系に PTSD が多い）（Bowler

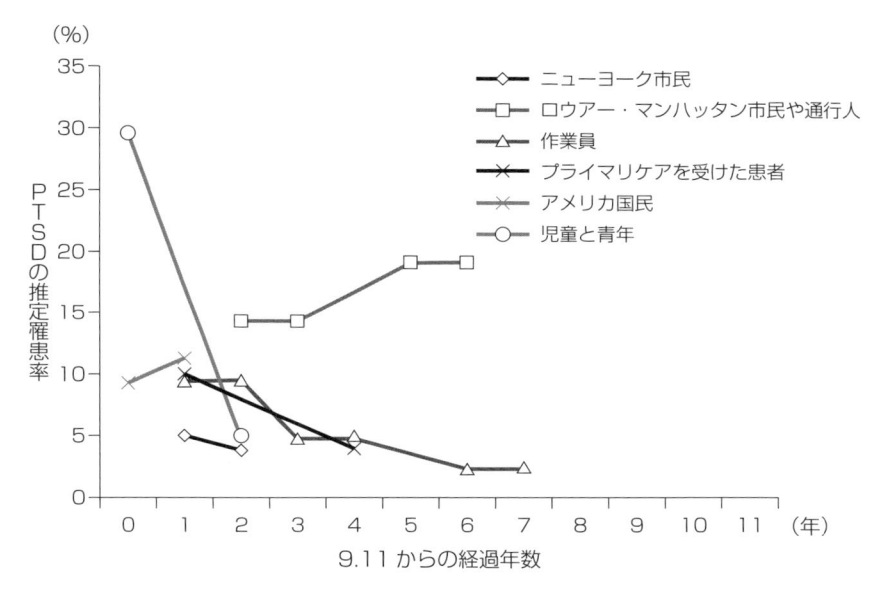

図 10-3　9.11 テロの被害に間接的に曝された人々における PTSD 罹患率

(Lowell et al., 2018, Fig. 2)

et al., 2012；Zvolensky et al., 2015)，テロ以前または以後に大うつ病の既往があること (Boscarino & Adams, 2009；Cukor et al., 2011)，ネガティブなライフイベントやトラウマティックな出来事を多く経験していること (Boscarino & Adams, 2009) が挙げられる。また，テレビを見ている時間が長いほうが，PTSD 症状が重いことも示されている (Schlenger et al., 2002)。さらに，9.11 テロの生存者を対象とした研究では，PTSD 症状が学歴や大うつ病から独立して認知機能の低下を説明することが示されている (Clouston et al., 2017)。これは，9.11 テロに限らず，PTSD における認知機能障害を示す知見と一致する (Aupperle et al., 2012)。

　9.11 テロでは，PTSD だけでなく，その他の精神疾患も問題になった。パニック症，大うつ病性障害，双極性障害，統合失調症など，さまざまな精神疾患に 9.11 テロは影響し，その症状を悪化させるなどした (Franz et al.,

2009）。たとえば統合失調症では，自分がテロリストによる攻撃を引き起こ
したのだという妄想様観念が多く見られた（Franz et al., 2009)。また，PTSD
と大うつ病の合併の多さも取り沙汰された（Caramanica et al., 2014)。先述し
たように，大うつ病の発症は PTSD の発症・維持に寄与する可能性がある
ため，双方の治療が求められてきた。

　9.11 テロでは，その治療に関する研究もいくつか行われてきた。そこで用
いられたのは，持続エクスポージャー療法（Schneier et al., 2012)，トラウマ
焦点化認知行動療法（Costantino et al., 2014)，EMDR（Silver et al., 2005）のよ
うに，テロリズムに限らず PTSD への効果が示されている方法である。ま
た，近年注目を集めているバーチャルリアリティエクスポージャーの適用例
も報告されている（Difede et al., 2006；Difede & Hoffman, 2002)。いずれの治
療法にも効果が認められ（Lowell et al., 2018)，この点においてテロリズムの
PTSD に特異的な部分は見出されない。

(2) 地下鉄サリン事件（Tokyo subway sarin attack）

　本邦における代表的なテロが，1995 年 3 月 20 日に発生した地下鉄サリン
事件である。この事件は麻原彰晃（松本智津夫元死刑囚）を教祖とするオウ
ム真理教のメンバーらが，東京の地下鉄 5 つの車両に猛毒のサリンを撒き，
死者 13 名と多数の負傷者を出したことで知られる。事件後，被害者らは，
サリンが撒かれたことによる眼症状に苦しめられるだけでなく，PTSD 症状
にも苦しめられることとなった。

　門倉ら（2000）の調査によれば，事件から 6 カ月後の段階において，7.8%
の被災者が PTSD 様症状を示していたという。また，事件から 2 年後の調
査では，2.2% が PTSD の診断基準を満たしていることが報告されている
（聖路加国際病院, 1997)。清水ら（2002）が事件 5 年後に行った調査によれば，
13.5% の被災者が調査現在においても PTSD の診断基準に該当しており，こ
の該当者を含む 29.7% が，事件後いずれかの時期において PTSD の既往を
有していた。大谷ら（Ohtani et al., 2004）の事件 5 年後の調査においても，

14.7% が PTSD 診断を満たし，32.3% がいずれかの時期において PTSD 既往があることが示され，これらの値は清水ら（2002）と近似している。以上のデータから，9.11 テロと同様に，事件から 5 年後に PTSD 診断が増加していることがわかる。ただし，これらの調査は疫学的調査あるいは政府統計ではなく，特定の病院の患者を対象として行われるなどした，規模の小さいものである。

　その後，IES-R（Impact of Event Scale-Revised）と呼ばれる PTSD 症状の自記式質問紙を用いた調査において，川名ら（Kawana et al., 2005）はサリン被害者の 26%，仲嶺ら（Nakamine et al., 2018）はサリン被害者の男性21.3%，女性 36.1% に，PTSD 疑いがあることを主張している。ただし，これらの調査で用いられた IES-R のカットオフ値（25 点以上）は，出来事から長期間が経過した後の PTSD に対しては感度・特異度が低い（Asukai et al., 2002）。実際に，仲嶺ら（Nakamine et al., 2018）の調査では，サリン被害者群の PTSD 症状が，何らかのストレスイベントを経験した対照群のそれと差はなかった。このことは，実際に PTSD と診断される比率は，川名ら（Kawana et al., 2005）や仲嶺ら（Nakamine et al., 2018）が主張する値よりも低く，事件から 20 年以上の経過によって PTSD 症状がある程度は緩和されていることを示唆している[*1]。

　地下鉄サリン事件の PTSD とその関連障害について検討した研究は，驚くほど少ない。数少ないデータとして，清水ら（2002）は，地下鉄サリン事件による PTSD の既往群が，非既往群に比べて視覚性記憶課題の成績低下をきたすことを示している。この結果は 2 つの解釈ができる。ひとつは，サリンによる眼症状が視覚性記憶の成績を選択的に低下させた可能性である。もうひとつは，PTSD における視空間的な記憶の異常を反映している可能性である。

[*1]　しかしながら，症状が残存している被害者が存在するのは事実であり，被害者支援は継続的に行わなければならない。

(3) オクラホマシティ連邦政府ビル爆破事件（Oklahoma City Bombing）

　1995 年 4 月 19 日，オクラホマ市にあるアルフレッド・P・マラー連邦ビル（連邦政府合同庁舎）が，自動車爆弾によって爆破される事件が発生し，168 名が死亡，300 名以上が負傷した。当初，この事件はイスラム過激派によるものだと憶測が広がったが，犯人は元陸軍兵士の米国人であった。

　事件後に，テロの生存者を対象とした調査が数多く行われた。事件から 6 カ月後に行われたノースら（North et al., 1999）の調査では，生存者の 34.3% が PTSD の診断に該当していた。また，PTSD 罹患者には，回避と鈍麻の症状が特徴的であった。事件から約 3 年後の調査では，男性生存者の 23%，男性消防隊員の 13% が，PTSD に該当することが示された（North et al., 2002b）。事件から 7 年後の調査では，生存者の 26% に事件による PTSD が見られ，生涯経験率は 41% であることが示された（North et al., 2011）。

　オクラホマのテロ事件を通して示された重要なデータのひとつは，メディアと PTSD の関連である。プフェファバウムら（Pfefferbaum et al., 1999, 2000）は，テレビをはじめとするメディアに触れる機会の多さと PTSD の症状の深刻さに，関連が見られることを見出している。また，もうひとつの重要な知見は，生存者に比べて消防隊員の PTSD が少なかったその理由である（North et al., 2002a）。ノースら（North et al., 2002a）によれば，消防隊員が最も用いていたコーピングは，友人や関係者と話すこと，つまりはソーシャルサポートを受けることだったという。さらに，ほとんどの消防隊員は，活動後にデブリーフィングを受けていた。このことは，ソーシャルサポートの重要性と，惨事ストレスに対するデブリーフィングの有効性を示唆している。

　また，PTSD の併存症についても報告がなされた。特に，アルコール依存症や大うつ病はその典型例であり（North et al., 2002b），PTSD 以外の併存症にも注意を払う必要が示されている。

（4）イスラエルにおける連続爆弾テロ

　イスラエルは言わずと知れたテロ頻発地域である。ここまで取り上げてきたテロ事件は，いずれも単発ないしは限定的なものであった。したがって，連続的なテロが発生した場合にヒトは PTSD を発症するのか，また，特徴的な反応を示すのかについては，不明であった。イスラエルにおける連続爆弾テロは，これらの疑問に対して重要なデータをもたらしている。

　通常，テロリズムや脅威に曝されれば曝されるほど，PTSD をはじめとするトラウマ関連疾患は生じやすくなると考えられている。この説に基づけば，イスラエルの特に戦闘地域に近い住民は，非常に高い PTSD 罹患率を示すはずである。ところが，ブライシュら（Bleich et al., 2003）の報告によれば，これらの地域における PTSD 罹患率は 9.4% にすぎず，さらに，テロに直接曝されたのか，あるいは家族や知人などが曝されたのかという程度と PTSD の罹患に，関連は見られなかった。イスラエルにおける危険な地域と比較的安全な地域の 2 箇所を比較したシャレヴら（Shalev et al., 2006）も，両地域の PTSD に差がないことを示している。

　この意外な結果は，学習理論における馴化（habituation）ないしは制止学習で説明できる可能性がある。馴化とは，反応を誘発する刺激が繰り返し呈示されると慣れが生じ，その反応の強度が減少することを指す。たとえば，爆弾が爆発する音が鳴り響くと，ヒトは驚愕反応を起こす。しかし，爆音が繰り返されると，もはや驚かなくなってしまう。繰り返しテロに曝されている人々は，馴化によってトラウマに抵抗していると考えることができる。一方，制止学習理論に基づけば，テロの当初は身の危険を感じるものの，繰り返されるにつれて，徐々に身の危険は大きくないことを学習していくのかもしれない。

　イスラエルにおいて繰り返される爆弾テロに対する危険因子と保護因子についても，いくつか研究が行われている（Hobfoll et al., 2008；Palmieri et al., 2008）。たとえば，パルミエーリ（Palmieri et al., 2008）は，高収入，高学歴が

保護因子となり，女性であること，テロによって経済的貧困を抱えていることが危険因子となることを示している。ホブフォル（Hobfoll et al., 2008）はそれらに加えて，ソーシャルサポートが保護因子となることを示している。

　さらに，シュタイン（Stein et al., 2013）はイスラエルの2つの地域（Sderot と Otef Aza）で行った PTSD 罹患率について調査から，ソーシャルサポートの重要性を主張している。この2つの地域はガザ地区に面しており，テロの脅威は同等程度であると考えられている。しかしながら，Sderotは Otef Aza に比べて都会的であり，コミュニティ資源に恵まれていない土地であった。調査の結果，Sderot では Otef Aza よりも PTSD 罹患率がはるかに高いことが明らかとなり，この結果は，コミュニティを通したソーシャルサポートが，連続テロの PTSD に対しても予防的に働く可能性を示している。

4. テロリズムの PTSD に特徴はあるのか

　テロリズムの被害者は交通事故の経験者に比べて，PTSD を発症しやすいというデータがある（Shalev & Freedman, 2005）。したがって，同じトラウマ的出来事といえども，その性質が PTSD の発症・維持に影響を与えている可能性がある。ここでは，テロリズムの PTSD と他のトラウマ的出来事の PTSD との，共通点および相違点について論考する。

　共通点については枚挙にいとまがない。テロリズムの PTSD は，自然災害や対人的な PTSD と，基本的には似た性質を持っていると言える。第一に，女性や子どもにテロリズムの PTSD が多く見られるというデータは，その他の PTSD とも共通している（Brewin et al., 2000）。女性は男性と比べて情動的な反応性が高く，恐怖，悲しみ，嫌悪，恥，罪悪感といったネガティブ感情を感じやすいことが示されている（Fischer & Manstead, 2000）。それゆえに，PTSD を発症しやすくなる可能性が考えられる。第二に，経済状況の悪さや教育歴などのステータスが，PTSD の発症と関連するのも共通して

いる。第三に，大うつ病をはじめとする精神疾患の既往が，PTSD の発症を予測するのも共通する点である。PTSD 以外の併存症にも注意を払う必要がある。第四に，PTSD によって認知機能障害が生じるのも共通している。第五に，ソーシャルサポートの重要性については，その他の PTSD と同様に疑いようがない。ソーシャルサポートは上記の要因のなかでも操作がしやすい変数である。ソーシャルサポートの獲得可能性には文化差，地域差があることが指摘されている（North et al., 2005；Stein et al., 2013）。したがって，特にテロの危険に曝されている地域では，コミュニティを通した支援を充実させていく必要がある。

　次に，テロリズムの PTSD に特異的であるかもしれない点について述べる。第一に挙げられるのは，事件から一定期間経過後に PTSD が頻発する点である。9.11 テロや地下鉄サリン事件のデータから，テロリズムの PTSD は，事件から 5〜6 年後に増加することが示唆されている。しかしながら，なぜそのようなパターンが観察されるのかについては不明である。その他の出来事による PTSD においても同様のパターンが観察されるのかを含めて，この現象のメカニズムを検討するのは今後の課題である。

　第二に，事件についてのメディアによる報道である。メディアの報道は PTSD を維持させる要因となる可能性がある。9.11 テロや地下鉄サリン事件に代表されるように，重大事件はその事件直後のみならず，数年や数十年が経過した後もなお，繰り返し報道されることとなる。そのたびに当事者はトラウマに曝露される。オクラホマ事件についてのプフェファバウムら（Pfefferbaum et al., 1999, 2000）や，9.11 テロについてのシュレンジャーら（Schlenger et al., 2002）のデータは，テレビを通した事件の視聴が PTSD 症状と関連することを示唆している。その後のテロリズム研究においても，同様のデータが示されている（Holman et al., 2013）。

　この関係が因果を示しているのか，単なる相関にすぎないのかについては，いくばくかの議論がある（Durodié & Wainwright, 2019）。メディアに触れたからといって PTSD になるわけではなく，事件についての PTSD を抱

えている者が，メディアに触れようとしているにすぎない可能性もある。また，メディアを通した事件との接触は，エクスポージャーのように治療的に働く可能性もあれば，逆効果となる可能性もある。オクラホマ事件では，事件から一定期間が経過した後に PTSD を発症する遅延発症例（delayed onset）は認められていないが（North et al., 2004, 2005, 2011），9.11 テロでは遅延発症例が一定の割合で報告されている（Pietrzak et al., 2014）。9.11 テロはオクラホマ事件よりも報道の数が多かったと考えられることから，メディア報道が遅延発症を引き起こした可能性も考えられる。

　このように，PTSD に対するメディアの因果的な影響はいまだエビデンスが不足しているが，新たな発症を導く発症要因とまではいかなくとも，症状を持続させる維持要因となっている可能性など，何らかの形で影響しうるのは否定できない。

　第三に，治療についての留意点である。9.11 テロの治療研究で示されているように，テロリズムの PTSD もその他の PTSD と変わらず，持続エクスポージャー療法のように PTSD に対する標準的な治療が適用となる。ひとつだけ特徴があるとすれば，テロリズムの被害者は，他者や世界に対するネガティブな信念を抱きやすくなる可能性が挙げられる。つまり，テロを経験すると，道を歩く者が皆テロリストに見える，いつ再びテロ攻撃が起きてもおかしくない，というような信念を保持するようになる。これは，性犯罪被害に代表される対人関係のトラウマにおいても見られがちな現象である。このような信念の保持は，トラウマとその関連刺激に対する過剰な警戒を招き，それが認知的および行動的な回避という形で表れたり，トラウマ関連刺激に対する注意バイアスという形で表れたりする可能性がある。

5.　まとめ

　本章ではテロリズムの PTSD について 4 つの事件を取り上げてそれらの研究を概観し，テロリズムによらないその他の PTSD との共通点や相違点

について述べた。PTSD に関する危険因子や保護因子は，テロリズムの
PTSD とその他の PTSD にほぼ共通していることが示された。一方で，メ
ディアによる報道の影響は，テロリズムの PTSD に見られる最たる特徴で
あるかもしれない。コミュニティにおけるソーシャルサポートを活用した予
防的介入や，専門家による心理療法を通して，テロリズムの PTSD に対す
る支援を手厚く行っていく必要がある。

【文　献】

American Psychiatric Association. (2013) *Diagnostic and statistical manual of mental disorders* (5th ed.). Author.

Asukai, N., Kato, H., Kawamura, N., Kim, Y., Yamamoto, K., Kishimoto, J., et al. (2002) Reliability and validity of the Japanese-language version of the Impact of Event Scale-Revised (IES-R-J) : Four studies on different traumatic events. *Journal of Nervous and Mental Disease*, **190**, 175-182. doi:10.1097/00005053-200203000-00006

Aupperle, R. L., Melrose, A. J., Stein, M. B., & Paulus, M. P. (2012) Executive function and PTSD : Disengaging form trauma. *Neuropharmacology*, **62**, 686-694. doi : 10.1016/j.neuropharm.2011.02.008

Bleich, A., Gelkopf, M., & Solomon, Z. (2003) Exposure to terrorism, stress-related mental health symptoms, and coping behaviors among a nationally representative sample in Israel. *JAMA*, **290**, 612-620. doi : 10.1001/jama.290.5.612

Boscarino, J. A. & Adams, R. E. (2009) PTSD onset and course following the World Trade Center disaster : Findings and implications for future research. *Social Psychiatry and Psychiatric Epidemiology*, **44**, 887-898. doi : 10.1007/s00127-009-0011-y

Bowler, R. M., Harris, M., Li, J., Gocheva, V., Stellman, S. D., Wilson, K., et al. (2012) Longitudinal mental health impact among police responders to the 9/11 terrorist attack. *American Journal of Industrial Medicine*, **55**, 297-312. doi : 10.1002/ajim.22000

Brewin, C. R., Andrews, B., & Valentine, J. D. (2000) Meta-analysis of risk factors for posttraumatic stress disorder in trauma-exposed adults. *Journal of Consulting and Clinical Psychology*, **68**, 748-766. doi : 10.1037/0022-006X.68.5.748

Brewin, C. R., Dalgleish, T., & Joseph, S. (1996) A dual representation theory of posttraumatic stress disorder. *Psychological Review*, **103**, 670-686. doi : 10.1037//0033-295X.103.4.670

Brewin, C. R., Gregory, J. D., Lipton, M., & Burgess, N. (2010) Intrusive images in psychological disorders : Characteristics, neural mechanisms, and treatment implication. *Psychological Review*, **117**, 210-232. doi : 10.1037/a0018113

Caramanica, K., Brackbill, R. M., Liao, T., & Stellman, S. D. (2014) Comorbidity of 9/11-related PTSD and depression in the World Trade Center health registry 10-11 years postdisaster. *Journal of Traumatic Stress*, **27**, 680-688. doi : 10.1002/jts.21972

Clouston, S., Pietrzak, R. H., Kotov, R., Richards, M., Spiro III, A., Scott, S., et al. (2017) Traumatic exposures, posttraumatic stress disorder, and cognitive functioning in World Trade Center responders. *Alzheimer's and Dementia : Translational Research and Clinical Interventions*, **3**, 593-602. doi : 10.1016/j.trci.2017.09.001

Costantino, G., Primavera, L. H., Malgady, R. G., & Costantino, E. (2014) Culturally oriented trauma treatments for Latino children post 9/11. *Journal of Child and Adolescent Trauma*, **7**, 247-255. doi : 10.1007/s40653-014-0031-y

Craske, M. G., Kircanski, K., Zelikowsky, M., Mystkowski, J., Chowdhury, N., & Baker, A. (2008) Optimizing inhibitory learning during exposure therapy. *Behaviour Research and Therapy*, **46**, 5-27. doi : 10.1016/j.brat.2007.10.003

Cukor, J., Wyka, K., Mello, B., Olden, M., Jayasinghe, N., & Roberts, J. (2011) The longitudinal course of PTSD among disaster worker deployed to the World Trade Center following the attacks of September 11th. *Journal of Traumatic Stress*, **24**, 506-514. doi : 10.1002/jts.20672

Difede, J., Cukor, J., Patt, I., Giosan, C., & Hoffman, H. G. (2006) The application of virtual reality to the treatment of PTSD following the WTC attack. *Annals of the New York Academy of Sciences*, **1071**, 500-501. doi : 10.1196/annals.1364.052

Difede, J. & Hoffman, H. G. (2002) Virtual reality exposure therapy for World Trade Center post-traumatic stress disorder : A case report. *CyberPsychology and Behavior*, **5**, 529-535. doi : 10.1089/109493102321018169

Durodié, B. & Wainwright, D. (2019) Terrorism and post-traumatic stress disorder : A historical review. *Lancet Psychiatry*, **6**, 61-71. doi : 10.1016/S2215-0366(18)30335-3

Ehlers, A. & Clark, D. M. (2000) A cognitive model of posttraumatic stress disorder. *Behaviour Research and Therapy*, **38**, 319-345. doi : 10.1016/S0005-7967(99)00123-0

Fischer, A. H. & Manstead, A. S. R. (2000) The relation between gender and emotion in different cultures. In A. H. Fischer (Ed.), *Studies in emotion and social interaction. Second series. Gender and emotion : Social psychological perspectives*. Cambridge University Press, pp. 71-94. doi : 10.1017/CBO9780511628191.005

Foa, E. B., Hembree, E. A., & Rothbaum, B. O. (2007) *Prolonged exposure therapy for PTSD : Emotional processing of traumatic experiences : Therapist guide*. Oxford University Press.

Franz, V. A., Glass, C. R., Arnkoff, D. B., & Dutton, M. A. (2009) The impact of the September 11th terrorist attacks on psychiatric patients : A review. *Clinical Psychology Review*, **29**, 339-347. doi : 10.1016/j.cpr.2009.02.002

Hobfoll, S. E., Canetti-Nisim, D., Johnson, R. J., Palmieri, P. A., Varley, J. D., & Galea, S.

(2008) The association of exposure, risk, and resiliency factors with PTSD among Jews and Arabs exposed to repeated acts of terrorism in Israel. *Journal of Traumatic Stress*, **21**, 9-21. doi : 10.1002/jts.20307

Holman, E. A., Garfin, D. R., & Silver, R. C. (2013) Media's role in broadcasting acute stress following the Boston Marathon bombings. *PNAS*, **111**, 93-98. doi : 10.1073/pnas.1316265110

Holmes, E. A. & Bourne, C. (2008) Inducing and modulating intrusive emotional memories : A review of the trauma film paradigm. *Acta Psychologica*, **127**, 553-566. doi : 10.1016/j.actpsy.2007.11.002

Holmes, E. A., Brewin, C. R., & Hennessy, R. G. (2004) Trauma films, information processing, and intrusion development. *Journal of Experimental Psychology: General*, **133**, 3-22. doi : 10.1037/0096-3445.133.1.3

James, E. L., Lau-Zhu, A., Clark, I. A., Visser, R. M., Hagenaars, M. A., & Holmes, E. A. (2016) The trauma film paradigm as an experimental psychopathology model of psychological trauma: Intrusive memories and beyond. *Clinical Psychology Review*, **47**, 106-142. doi : 10.1016/j.cpr.2016.04.010

門倉真人・小川康恭・清水英佑・山村行夫・縣 俊彦・牛島定信（2000）「地下鉄サリン事件」における PTSD——事件 6 ヵ月後の質問紙調査．臨床精神医学，**29**，677-683.

Kawana, N., Ishimatsu, S., Matsui, Y., Tamaki, S., & Kanda, K. (2005) Chronic posttraumatic stress symptoms in victims of Tokyo Subway Sarin Gas Attack. *Traumatology*, **11**, 87-102. doi : 10.1177/153476560501100204

Kleim, B., Ehlers, A., & Glucksman, E. (2007) Early predictors of chronic post-traumatic stress disorder in assault survivors. *Psychological Medicine*, **37**, 1457-1467. doi : 10.1017/S0033291707001006

Lowell, A., Suarez-Jimenez, B., Helpman, L., Zhu, X., Durosky, A., Hilburn, A., et al. (2018) 9/11-related PTSD among highly exposed populations : A systematic review 15 years after the attack. *Psychological Medicine*, **48**, 537-553. doi : 10.1017/S0033291717002033

松本　昇（2015）PTSD の記憶障害——意図的想起と無意図的想起における問題とその介入．心理学評論，**58**，451-484.　doi : 10.24602/sjpr.58.4_451

Nakamine, S., Kobayashi, M., Fujita, H., Takahashi, S., & Matsui, Y. (2018) Posttraumatic stress symptoms in victims of the Tokyo Subway Sarin Attack : Twenty years later. *Journal of Social and Clinical Psychology*, **37**, 794-811. doi : 10.1521/jscp.2018.37.10.794

Niles, B. L., Wolf, E. J., & Kutter, C. J. (2003) Posttraumatic stress disorder symptomatology in Vietnam veterans before and after September 11. *Journal of Nervous and Mental Disease*, **191**, 682-684. doi : 10.1097/01.nmd.0000092178.45511.e6

North, C. S., Nixon, S. J., Shariat, S., Mallonee, S., McMillen, J. C., Spitznagel, E. L., et al. (1999) Psychiatric disorders among survivors of the Oklahoma City Bombing. *JAMA*,

282, 755-762. doi : 10.1001/jama.282.8.755

North, C. S., Pfefferbaum, B., Kawasaki, A., Lee, S., & Spitznagel, E. L. (2011) Psychosocial adjustment of directly exposed survivors 7 years after the Oklahoma City bombing. *Comprehensive Psychiatry*, **52**, 1-8. doi : 10.1016/j.comppsych.2010.04.003

North, C. S., Pfefferbaum, B., Narayanan, P., Thielman, S., McCoy, G., Dumont, C., et al. (2005) Comparison of post-disaster psychiatric disorders after terrorist bombings in Nairobi and Oklahoma City. *British Journal of Psychiatry*, **186**, 487-493. doi : 10.1192/bjp.186.6.487

North, C. S., Pfefferbaum, B., Tivis, L., Kawasaki, A., Reddy, C., & Spitznagel, E. L. (2004) The course of posttraumatic stress disorder in a follow-up study of survivors of the Oklahoma City Bombing. *Annals of Clinical Psychiatry*, **16**, 209-215. doi : 10.1080/10401230490522034

North, C. S., Tivis, L., McMillen, C., Pfefferbaum, B., Cox, J., Spitznagel, E. L., et al. (2002a) Coping, functioning, and adjustment of rescue workers after the Oklahoma City bombing. *Journal of Traumatic Stress*, **15**, 171-175. doi : 10.1023/A:1015286909111

North, C. S., Tivis, L., McMillen, J. C., Pfefferbaum, B., Spitznagel, E. L., Cox, J., et al. (2002b) Psychiatric disorders in rescue workers after the Oklahoma City Bombing. *American Journal of Psychiatry*, **159**, 857-859. doi : 10.1176/appi.ajp.159.5.857

Ohtani, T., Iwanami, A., Kasai, K., Yamasue, H., Kato, T., Sasaki, T., et al. (2004) Post-traumatic stress disorder symptoms in victims of Tokyo Subway Attack: A 5-year follow-up study. *Psychiatry and Clinical Neurosciences*, **58**, 624-629. doi : 10.1111/j.1440-1819.2004.01313.x

Ozer, E. J., Best, S. R., Lipsey, T. L., & Weiss, D. S. (2003) Predictors of posttraumatic stress disorder and symptoms in adults: A meta-analysis. *Psychological Bulletin*, **129**, 52-73. doi : 10.1037/0033-2909.129.1.52

Palmieri, P. A., Galea, S., Canetti-Nisim, D., Johnson, R. J., & Hobfoll, S. E. (2008) The psychological impact of the Israel-Hezbollah war on Jews and Arabs in Israel : The impact of risk and resilience factors. *Social Science and Medicine*, **67**, 1208-1216. doi : 10.1016/j.socscimed.2008.06.030

Parslow, R. A. & Jorm, A. F. (2007). Pretrauma and posttrauma neurocognitive functioning and PTSD symptoms in a community sample of young adults. *American Journal of Psychiatry*, **164**, 509-515. doi : 10.1176/ajp.2007.164.3.509

Pfeffer, C. R., Altemus, M., Heo, M., & Jiang, H. (2007). Salivary cortisol and psychopathology in children bereaved by the September 11, 2001 terror attacks. *Biological Psychiatry*, **61**, 957-965. doi : 10.1016/j.biopsych.2006.07.037

Pfefferbaum, B., Nixon, S. J., Krug, R. S., Tivis, R. D., Moore, V. L., Brown, J. M., et al. (1999) Clinical needs assessment of middle and high school students following the 1995 Oklahoma City bombing. *American Journal of Psychiatry*, **156**, 1069-1074. doi :

10.1176/ajp.156.7.1069

Pfefferbaum, B., Seale, T. W., McDonald, N. B., Brandt, E. N. Jr., Rainwater, S. M., Maynard, B. T., et al. (2000) Posttraumatic stress two years after the Oklahoma City bombing in youths geographically distant from the explosion. *Psychiatry*, **63**, 358-370. doi : 10.1080/00332747.2000.11024929

Pietrzak, R. H., Feder, A., Singh, R., Schechter, C. B., Bromet, E. J., Katz, C. L., et al. (2014) Trajectories of PTSD risk and resilience in World Trade Center responders: An 8-year prospective cohort study. *Psychological Medicine*, **44**, 205-219. doi : 10.1017/S0033291713000597

Schlenger, W. E., Caddell, J. M., Ebert, L., Jordan, B. K., Rourke, K. M., Wilson, D., et al. (2002) Psychological reactions to terrorist attacks : Findings from the national study of Americans' reactions to September 11. *JAMA*, **288**, 581-588. doi : 10.1001/jama.288.5.581

Schneier, F. R., Neria, Y., Pavlicova, M., Hembree, E., Suh, E. J., Amsel, L., et al. (2012) Combined prolonged exposure therapy and paroxetine for PTSD related to the World Trade Center attack : A randomized controlled trial. *American Journal of Psychiatry*, **169**, 80-89. doi : 10.1176/appi.ajp.2011.11020321

聖路加国際病院 (1997) 地下鉄サリン事件二年後の患者臨床経過報告. 日医新報, **3828**, 970-975.

Shalev, A. Y. & Freedman, S. (2005) PTSD following terrorist attacks : A prospective evaluation. *American Journal of Psychiatry*, **162**, 1188-1191. doi : 10.1176/appi.ajp.162.6.1188

Shalev, A. Y., Tuval, R., Frenkiel-Fishman, S., Hadar, H., & Eth, S. (2006) Psychological responses to continuous terror: A study of two communities in Israel. *American Journal of Psychiatry*, **163**, 667-673. doi : 10.1176/appi.ajp.163.4.667

清水綾子・大渓俊幸・石松伸一・岩波 明・古川俊一・丸田伯子 (2002). 地下鉄サリン事件の被害者における精神症状——長期経過における検討. 臨床精神医学, **31**, 549-561.

Silver, R. C., Holman, E. A., McIntosh, D. N., Poulin, M., Gil-Rivas, V., & Pizarro, J. (2006) Coping with a national trauma : A nationwide longitudinal study of responses to the terrorist attacks of September 11. In Y. Neria, R. Gross, R. D. Marshall & E. S. Susser (Eds.), *9/11 : Mental health in the wake of terrorist attacks*. Cambridge University Press. pp. 45-70. doi : 10.1017/CBO9780511544132.006

Silver, S. M., Rogers, S., Knipe, J., & Colelli, G. (2005) EMDR therapy following the 9/11 terrorist attacks : A community-based intervention project in New York City. *International Journal of Stress Management*, **12**, 29-42. doi : 10.1037/1072-5245.12.1.29

Stein, N. R., Schorr, Y., Krantz, L., Dickstein, B. D., Solomon, Z., Horesh, D., & Litz, B. T. (2013) The differential impact of terrorism on two Israeli communities. *American Journal of Orthopsychiatry*, **83**, 528-535. doi : 10.1111/ajop.12044

Williams, A. D. & Moulds, M. L. (2007) An investigation of the cognitive and experiential features of intrusive memories in depression. *Memory*, **15**, 912-920. doi : 10.1080/09658210701508369

Wilson, L. C. (2015) A systematic review of probable posttraumatic stress disorder in first responders following man-made mass violence. *Psychiatry Research*, **229**, 21-26. doi : 10.1016/j.psychres.2015.06.015

Zvolensky, M. J., Kotov, R., Schechter, C. B., Gonzalez, A., Vujanovic, A., Pietrzak, R. H., et al. (2015) Post-disaster stressful life events and WTC-related posttraumatic stress, depressive symptoms, and overall functioning among responders to the World Trade Center disaster. *Journal of Psychiatric Research*, **61**, 97-105. doi : 10.1016/j. jpsychires.2014.11.010.

索　引

◆編著者紹介◆

越智啓太（おち　けいた）

　1965 年横浜市生まれ

　1992 年　学習院大学大学院人文科学研究科心理学専攻博士前期課程修了

　1992~2001 年　警視庁科学捜査研究所研究員

　2001~2005 年　東京家政大学文学部助教授

　2006~2008 年　法政大学文学部心理学科助教授

　2008 年 4 月 ~　法政大学文学部心理学科教授，臨床心理士

　主著書　『高齢者の犯罪心理学』誠信書房 2018 年，『テキスト司法・犯罪心理学』（共編
　　　　　著）北大路書房 2017 年，『心理学ビジュアル百科』（編）創元社 2016 年，『犯
　　　　　罪捜査の心理学』新曜社 2015 年，『つくられる偽りの記憶』化学同人 2014 年，
　　　　　『誠信　心理学事典［新版］』犯罪・司法領域（編集）2014 年　ほか多数

●著者紹介●　（執筆順）

【はじめに，第 1 章】

越智啓太（おち　けいた）

　〈編著者紹介参照〉

【第 2 章】

縄田健悟（なわた　けんご）

　2011 年　九州大学大学院人間環境学府博士後期課程修了

　現　在　福岡大学人文学部文化学科講師，博士（心理学）

【第 3 章】

杉浦仁美（すぎうら　ひとみ）

　2014 年　広島大学大学院総合科学研究科博士後期課程修了

　現　在　近畿大学経営学部キャリアマネジメント学科特任講師，博士（学術）

【第 4 章】

釘原直樹（くぎはら　なおき）

　1982 年　九州大学大学院教育学研究科教育心理学専攻博士課程単位取得退学

　現　在　東筑紫短期大学食物栄養学科教授，博士（教育心理学）

【第5章，第7章】
大上　渉（おおうえ　わたる）
　1999 年　九州大学大学院文学研究科心理学専攻修士課程修了
　現　在　福岡大学人文学部文化学科教授

【第6章】
平　伸二（ひら　しんじ）
　1986 年　広島修道大学大学院人文科学研究科心理学専攻博士後期課程単位取得退学
　現　在　福山大学人間文化学部心理学科教授，博士（心理学）

【第8章】
入山　茂（いりやま　しげる）
　2009 年　東洋大学大学院社会学研究科社会心理学専攻博士前期課程修了
　現　在　東洋大学大学院社会学研究科社会心理学専攻博士後期課程

【第9章】
横田賀英子（よこた　かえこ）
　2005 年　リヴァプール大学捜査心理学専攻博士課程修了
　現　在　科学警察研究所犯罪行動科学部捜査支援研究室長，博士（捜査心理学）

【第 10 章】
松本　昇（まつもと　のぼる）
　2017 年　筑波大学大学院人間総合科学研究科ヒューマン・ケア科学専攻 3 年制博士課
　　　　　程修了
　現　在　日本学術振興会特別研究員 PD，名古屋大学大学院，博士（心理学）

テロリズムの心理学

2019 年 8 月 30 日　第 1 刷発行

編著者　　越　智　啓　太

発行者　　柴　田　敏　樹

印刷者　　西　澤　道　祐

発行所　　株式会社　誠　信　書　房

〒112-0012 東京都文京区大塚 3-20-6
電話　03 (3946) 5666
http://www.seishinshobo.co.jp/

高齢者の犯罪心理学

越智啓太 編著

高齢加害者の心理、認知等を各種データより読み解く。超高齢社会日本に突きつけられた課題にどう対処していくか、その糸口が見える。

目次

A5判並製　定価(本体2800円+税)

影響力の武器[第三版]
なぜ、人は動かされるのか

ロバート・B・チャルディーニ 著
社会行動研究会 訳

社会で騙されたり丸め込まれたりしないために、私たちはどう身を守れば良いのか？　ずるい相手が仕掛けてくる"弱味を突く戦略"の神髄をユーモラスに描いた、世界でロングセラーを続ける心理学書。待望の第三版は新訳でより一層読みやすくなった。楽しく読めるマンガを追加し、参考事例も大幅に増量。ネット時代の密かな広告戦略や学校無差別テロの原因など、社会を動かす力の秘密も体系的に理解できる。

目次

四六判上製　定価(本体2700円+税)